U0728860

乡村振兴战略下的产业发展与创新探究

马向东◎著

中国出版集团　现代出版社

图书在版编目（ＣＩＰ）数据

乡村振兴战略下的产业发展与创新探究 / 马向东著
. -- 北京 ：现代出版社，2023.12
ISBN 978-7-5231-0418-7

Ⅰ．①乡… Ⅱ．①马… Ⅲ．①乡村－农业产业－产业
发展－研究－中国 Ⅳ．①F323

中国国家版本馆CIP数据核字(2023)第250632号

著　　者	马向东
责任编辑	袁子茵

出 版 人	乔先彪
出版发行	现代出版社
地　　址	北京市安定门外安华里504号
邮政编码	100011
电　　话	(010) 64267325
传　　真	(010) 64245264
网　　址	www.1980xd.com
印　　刷	北京四海锦诚印刷技术有限公司
开　　本	787mm×1092mm　1/16
印　　张	10.75
字　　数	206千字
版　　次	2023年12月第1版　2023年12月第1次印刷
书　　号	ISBN 978-7-5231-0418-7
定　　价	68.00元

前　言

　　乡村振兴战略是党和国家的重要决策和战略部署，是不断推进乡村现代化发展的关键措施。在实施乡村振兴战略时，应坚持优先发展农业和农村，建立健全城乡融合发展的体制机制和政策体系，推动乡村产业现代化进程。

　　本书围绕乡村振兴战略下的产业发展与创新展开研究，首先阐述乡村的发展与建设，内容包括乡村的特点与价值、乡村发展潜力分析、乡村建设的成就与发展趋势、乡村建设的美丽绘就。其次分析乡村产业的基础与特色发展，内容涉及乡村产业的特点与价值、乡村产业的基础条件、乡村产业体系的构成、乡村特色产业的发展。再次论述乡村振兴战略的关键要素与规划机制，内容涵盖乡村振兴战略的背景与本质、乡村振兴战略的内容、乡村振兴战略中的资源认知与提升策略、乡村振兴战略的规划与机制。接着探讨乡村振兴战略下的产业有效发展，内容包括乡村振兴战略下的农产品产业发展、乡村振兴战略下的旅游产业发展、乡村振兴战略下的循环经济产业发展。随后探究乡村振兴战略下的产业创新实践，内容涉及乡村振兴战略下的产业结构调整与融合、乡村振兴战略下的科技推动产业创新、乡村振兴战略下的文化推动产业创新、乡村振兴战略下的人才推动产业创新。最后探索乡村振兴战略下的产业现代化高质量发展，内容涵盖乡村振兴战略下的农民思想观念现代化、乡村振兴战略下的乡村就地现代化、乡村振兴战略下的乡村治理现代化、乡村振兴战略下的农业高质量发展。

　　本书结构完整，覆盖范围广泛，层次清晰，在内容布局、逻辑结构、理论创新诸方面都有独到之处。本书可供广大乡村振兴、产业发展相关从业人员、高校师生与知识爱好者阅读使用，具有一定的参考价值。

　　本书在写作过程中，笔者获得了许多专家和学者的帮助与指导，在此表示衷心的感谢。由于笔者的能力有限，加之时间紧迫，书中可能存在一些遗漏之处，希望读者们能够提供宝贵的意见和建议，以便笔者进行进一步的修订，使其更加完善。

目　录

第一章　乡村的发展与建设

第一节　乡村的特点与价值

一、乡村的特点

乡村①是指具有自然、社会、经济特征和生产、生活、生态、文化等多重功能的地域综合体，是相对于城市的地理区域。乡村的特点如下：

第一，自然环境优美。乡村地区通常山水环绕，自然景观优美。清晨，当太阳升起，照亮整个乡间的大地，人们会被鸟儿的歌声唤醒，感受到清新的空气和青草的芬芳。广袤的田野和宁静的湖泊，这种优美的景色使人感到宁静和放松。

第二，文化底蕴浓厚。乡村是文化传承的重要场所，这里有着悠久的历史和传统。乡村文化包括民间艺术、乡土戏剧、传统音乐和手工艺等丰富多彩的元素。人们在乡村传承着祖辈的智慧和技艺，这种传统文化丰富了乡村生活，也吸引着许多人前来学习和体验。

第三，社区精神浓厚。在乡村，人们通常都认识彼此，社区关系更加紧密。这里的居民互相帮助，共同庆祝节日，形成一种亲情和友情的纽带。社区活动和集会是人们聚在一起的机会，大家一起参与，分享快乐和分担困难，这种团结和互助精神让乡村社区变得温馨而和谐。

第四，生活节奏宁静悠闲。乡村的生活是宁静和放松的，人们不急于追赶时间，而是享受每一刻的宁静。人们可以漫步在田野间，听着风吹过麦田的声音，感受大自然的魅力。乡村的生活让人们更加关注内心的平静和幸福，远离了城市的繁忙和压力。

总之，乡村地区以其优美的环境、浓厚的文化底蕴、浓厚的社区精神和宁静悠闲的生活节奏而独具魅力。这里是人们寻找平静和幸福的理想之地，也是传统文化和人际关系的

---

①乡村是一种产业概念，即以种植业、养殖业、传统手工业等为主要产业的生产空间。同时，乡村也是一种文化概念，是涵盖着农耕文明、传统习俗、镶嵌于现代化进程、实施村民自治、人口比较分散的地方。

宝库。无论身临其境还是远观，乡村都展现出独特的风采，吸引着人们前来探寻其美丽和魅力。

二、乡村的价值

价值是指客体对于主体表现出来的积极意义和有用性，或是主体从客体中获得的有用属性。它可以表现为具有特定属性的客体对于主体需要的意义，是一种相互作用、相互关系的性质和能力，存在于具体事物和主体之间的对应关系中。乡村价值是乡村及其活动对于人类社会经济发展的意义表现，是乡村所具有的促进人类生存和发展的能力。随着经济的发展和生活方式的改变，乡村价值也与时俱进。新发展阶段的乡村价值体现了人们对美好生活的向往，具体包括以下价值：

（一）经济价值

经济价值以乡村生产为依托，培育发展新产业新业态是乡村产业发展的引擎和动力，是促进乡村深度发展的集中表现。

新产业新业态以助力乡村提质增效为目标，通过创新创业、农产品精深加工、乡村产业融合与产业集群培养等途径，以信息等新技术为辅助，推进乡村三大产业融合发展，主要表现形式为高效农业、观光农业、体验农业、创意农业、乡村旅游、乡村电商等，是实现乡村内涵式发展与建设美丽乡村并举的新兴产业。

培育新产业新业态是乡村经济价值的核心内容，为乡村充分释放各种价值奠定物质基础。产业发展可以增加群众就业和经营性收入、增强内生动力，特别是新产业新业态既能立足乡村传统产业，又能开拓新兴市场，持续放大特色效应，是带动农民就业增收的重要途径。

培育新产业新业态，是协调乡村经济发展与生态保护的必然选择。经济发展与生态保护是对立的，新产业新业态作为新事物，将二者的斗争性转化为同一性，推动实现乡村经济与生态建设的协调发展。具体来说，新产业新业态在赋能乡村经济发展、培育乡村经济新增长点的过程中，融入绿色发展理念，创新绿色生产方式，成为乡村节能环保、绿色低碳的新型发展模式，是推进乡村绿色兴农、发展生态经济的关键。

（二）生态价值

生态价值以传统生态智慧与现代生态文明有机结合为表现形式，是乡村对自然生态和社会生态的正面影响。宜人乡村生态环境既是对原有乡村生态环境的维护，也是对乡村经济、社会双重价值的深层挖掘。形成宜人乡村生态环境的实质是实现人与自然和谐共生，这是未来理想社会的重要特征之一。因此，积极探索形成宜人乡村生态环境是满足人民群众日益增长的优美生态环境的需要，是实现自然生态、经济发展与民生的有机结合，建设美丽乡村的必由之路。

形成宜人乡村生态环境是乡村生态价值的核心指向，对绿色乡村建设至关重要。宜人乡村生态环境的内化过程是在原有乡村环境保护的基础上，对山林水田湖草、宜人田园风光乃至绿水青山的保护和开发提出的更高要求。乡村建设要留得住青山绿水，乡村应该是绿色的家园，要在原有乡村环境保护的基础上，实现人与自然和谐共生。形成宜人乡村生态环境蕴含尊重乡村自然、顺应乡村自然、保护乡村自然的价值追求，是推动乡村生产、生活、生态协调发展的必由之路。

（三）社会价值

社会价值以乡村社会和谐稳定为主要目标，是在乡村生产方式、生活方式、信仰与习俗等方面产生的积极效应与影响。随着"健康中国"的提出，乡村在养生、养老、养人功能上已经形成一定优势。

1. "田园风光"中的养生

"乡村因独特的环境和养生资源成为现代休闲养生旅游者青睐的目的地之一。"[①] 优质的生态环境是"田园风光"养生的基本要求和托底资源。乡村自身的气候、地势、水体等资源，逐渐形成生态养生、食疗养生、水体养生、文化养生的养生矩阵，形成了种类丰富、吸引力强的多元生态养生体系。传统的优秀乡村民俗、淳朴的乡土风情是乡村养生的内在灵魂，"田园风光"中的养生不仅符合现代人绿色健康生活的理念，也实现了养身与养心的有机统一。

2. "尊老敬老"中的养老

老年阶段仍是有作为、有进步、有快乐的重要阶段，应以积极的态度看待老年人和老年生活，这是尊老敬老的前提。孝亲敬老是中华民族的传统美德，也是社会主义核心价值观教育的重要内容之一，要建设具有民族特色、时代特征的孝亲敬老文化，弘扬孝亲敬老的文化传统。为了有效应对扑面而来的"银发浪潮"，必须积极探索创新养老模式。

3. "宜居宜业"中的养人

整治乡村人居环境，建设宜居乡村，是实施乡村振兴战略的重要任务之一。重视乡村

---

①邱云美.乡村养生旅游发展研究［J］.农业经济，2015（03）：44.

人居环境整治，通过构建促进农民持续较快增收的长效政策机制，拓宽农民增收渠道，让农民真正富起来，农村是安居乐业美好家园的良好局面。目前，乡村人居环境整治工作取得了重要成绩，许多乡村呈现出宜居、文明的画面。

（四）文化价值

优秀传统的农耕文化，是深度涵养乡村文化价值的源泉与动力。弘扬优秀农耕文化符合乡村文化建设的特点，有利于乡村优秀传统文化的挖掘和弘扬，使农耕文化真正成为涵养社会主义核心价值观的重要源泉；有利于进一步强化公共政策的价值导向，改进乡村社会风气和精神面貌；有利于逐步形成教育引导、实践养成和制度保障等巩固乡村思想文化阵地的保障体系。

弘扬优秀的传统农耕文化为乡村实现特色发展提供了思路和方法。一、深入挖掘、继承、创新优秀的传统乡土文化，通过把农耕文明优秀遗产和现代文明要素相结合的方式，让有形的乡村文化留得住，让活态的乡土文化传下去。二、充分挖掘具有农耕特质、民族特色、地域特点的物质文化遗产，深入挖掘民间艺术、手工技艺、民族服饰、民俗活动等非物质文化遗产，赋予其新的时代内涵，展现其时代魅力与风采，实现乡村文化特色发展。这些方法也为打造彰显乡村文化特色的农业品牌开辟了新思路，打破了乡村经济发展由"劣势"转特色和优势的困局，为推进乡村经济发展提供了新方案。

第二节　乡村发展潜力分析

乡村发展潜力是指农村地区具有未来增长和发展的可能性及机会。这种潜力可以涵盖各个方面，主要可从乡村的自我发展能力分析、带动作用分析入手。

一、乡村的自我发展能力分析

在乡村建设过程中，不可避免地会遇到各种各样的制约性因素，如产业结构调整、土地资源利用等，这些因素直接影响到乡村建设的进程。这就需要乡村具有一定的自我维持能力，具体表现为经济能力和组织能力。

经济能力是指在乡村建设中获得利润的能力，既包括利润的创造能力，也包括参与利润分配中获得利润的能力。经济发展水平、财政收入、农民收入水平等都是乡村经济能力的表现。乡村经济能力决定乡村所能获得的效益，在很大程度上代表着乡村发展的潜力。

经济能力的提升主要可以采取把握市场需求、组织生产、优化资源配置等方式，进而达到增加产出、产业增收等目的。组织能力是指将可用资源转化为新农村建设投入，并使其发挥最大效益的能力，具体包括投入决策、投入筹集、投入实施、参与机制、激励机制等环节。组织能力是乡村自我发展能力的核心环节，其能否得到提升，主要取决于包括地方基层政府、乡村合作在内的组织体系是否健全。

二、乡村的带动作用分析

对乡村发展潜力分析还应充分考虑其对周边地区发展的推广带动作用。作为新农村建设的发言人，乡村在发展进程中承担着重要的任务，如实现生产、生活、生态的和谐发展。乡村建设集经济、社会、生态效益于一体，是中国生态农业发展的主要代表者，是农业可持续发展实践的领跑者，在新农村建设中发挥着巨大的示范带动作用。乡村的带动作用主要体现在对周边地区的生态、经济和社会的影响这三个方面：

第一，生态影响上，在乡村建设过程中，在生态上采取的一些措施，对周边区域的环境也会产生一定的影响。例如，以村级单位开展生态环境治理或生态保护等工作，对周围村落环境的改善是十分有利的。

第二，经济影响上，在乡村建设与发展过程中，推广种植具有地域特色的农产品，能够为周边村庄的农民提供就业机会，实现增收的目的。

第三，在社会影响上，对乡村建设中涌现出的先进人物和事迹进行鼓励与宣传，有利于在社会上营造良好的氛围。

总之，乡村发展潜力的实现需要政府、社会组织和民营部门的合作，以制定并实施合适的措施、投资和项目。此外，可持续性、社会包容性和环境保护应该是乡村发展的关键原则，以确保长期的成功和繁荣。

第三节 乡村建设的成就与发展趋势

一、乡村建设的成就

第一，公共设施提档升级。乡村要发展，公共基础设施建设是关键。近年来，我国以提升农村人居环境为目标，加强农村道路、供水、用电、网络、住房安全等重点领域基础设施建设，保障基本功能，解决突出问题，逐步使农村基本具备现代生活条件。

第二，人居环境明显改善。乡村人居环境改善是乡村建设的重点和难点。在全国不懈的努力之下，当前我国乡村人居环境基本实现干净、整洁、有序。乡村基本实现农民院里院外更加美丽，农民生活习惯更加整洁卫生，农民生活方式更加绿色环保。

第三，精神文明扎实推进。乡村文化建设是乡村发展的硬骨头。在国家政策引导和各级政府的推动下，农村思想道德建设持续提升，文明乡风、良好家风、淳朴民风广泛培育，邻里守望、诚信重礼、勤俭节约的文明乡村不断涌现。社会主义核心价值观深入践行，中华优秀传统文化得到传承与弘扬，众多中国传统村落被认定，农民精气神得到有效提振。

第四，治理体系稳步实施。近年来，党组织领导下的自治、法治、德治相结合的乡村治理体系逐步健全，农村基层党组织战斗堡垒作用进一步加强，推进乡村治理体系和治理能力现代化建设是实现乡村全面发展、巩固党在农村执政基础、满足农民群众美好生活需要的必然要求。多年来，党委领导、政府负责、社会协同、公众参与、法治保障的现代乡村社会治理体制逐步建立健全，充满活力、和谐有序的善治乡村加快形成。农村移风易俗进一步深化，村规民约实现全覆盖。农村精神文明建设扎实开展，乡村治理效能不断提升。

二、乡村建设的发展趋势

（一）缩小城乡差距

乡村建设的最终目的是提升人居环境质量，推进城乡之间标准统一、制度并轨。

第一，应有序推动农村公共基础设施进村到户、优质资源不断下沉，特别是加快打通农产品出村等"最先一公里"，解决快递进村的"最后一公里"，凸显可及性、便利性。

第二，应逐步缩小地区差距，切实加强基础设施在农村、基层、欠发达地区的建设力度，让现代化基础设施体系与供给侧更好地匹配，弥补东西部地区、城乡区域发展的差距，为国民经济持续健康发展提供更强大的内在动能。

第三，应精准对接农民美好生活需要，推动农村公共服务供给从有形覆盖到有效覆盖转变，推动设施有效利用，完善硬件和提升软件相结合，充分利用农村闲置房屋配置公共服务资源，加快建设幸福院、颐养之家等互助养老设施，满足农民现实需求。

（二）给予优惠补贴，促进三产融合

在世界经济危机中，各国也在寻求不依赖政府财政的乡村经济发展路径，创新金融体

系，促进农民的本土化就业，并逐步将农业向二、三产业过渡，形成混合产业模式。鼓励高校、企业的共同参与，增强科技支持，推动乡村经济的发展繁荣。另外，产业发展更加以绿色化、生态化为导向，且强调本地特色的发扬和品牌的塑造。为促进乡村的可持续发展，需因地制宜，尊重地区的发展水平和实际需求，将建设与地区的产业经济发展相协同。

第一，强化县域在资源配置上的统筹作用，通盘考虑土地利用和整治，盘活腾挪（腾挪空间盘活）存量建设用地，促进县域产业联动发展，推动现代乡村产业体系的构建。

第二，推进村庄风貌的引导提升，促进本土资源的有效利用，打造特色乡村文化和旅游品牌，拓展乡村文化和旅游发展新模式，推动一、二、三产业融合发展。

（三）引导村民自治

促使传统农民向现代农业工人转化，提高村民自身的造血功能。

当前的乡村治理更加突出村民的主体作用，政府在其中的作用：①予以引导和支持，如建设乡村驿站，为村民的基层治理提供活动空间；②保障村民参与公共事务的权利和途径；③组织引导多元主体共同参与，培育多层次市场主体和民间组织。

乡村治理是国家治理的基石，乡村发展应特别注重发挥村民的主体作用，强调村民和集体的内生动力。①增强村集体的基层治理能力，加强农村基层党组织建设，推进党支部建设所需的配套空间配置，完善复合化、公共活动类型丰富多样的乡村公共空间建设；②充分发挥村民在乡村治理中的能动性，调动村民的积极性，引导农民全程参与乡村建设，保障农民的知情权、参与权、监督权。

第四节　乡村建设的美丽绘就

近年来，中国政府描绘了一幅幅美丽的乡村画卷，致力于推动美丽乡村建设的进一步发展。这些努力不仅为乡村居民的生活条件带来显著的改善，还为乡村经济社会的可持续发展注入强大的动力，让乡村焕发出勃勃生机。

一、美丽乡村建设的意义

美丽乡村是推进新乡村建设的重要内容，有助于推动我国农业发展现代化。想要真正促进乡村地区的发展，就应当树立科学、绿色的发展理念，也就是要遵循经济发展与生态文明建设共同推进的发展理念，不断加强实践工作，促使生态环境向更好的方向发展。乡村地区有很多具有利用价值的资源，在建设美丽乡村的过程中也能够实现变废为宝。

美丽乡村建设，既能够促进乡村环境的改善和优化，也能够为乡村发展创造更多的资源。如果乡村地区能够做好生态文明建设工作，就可以吸引更多的投资，这就意味着生产工作的发展，意味着劳动岗位的增加。

美丽乡村建设，能够吸引更多的有志青年投身到乡村产业的发展中，鼓励他们成为乡村发展的带头人。与此同时，乡村居民的收入也会有所增加，能够更好地将农业生产与市场经营结合到一起，有助于乡村居民整体生活水平的提升。

为了保障城市地区的发展，乡村为城市提供了人力、物力上的支持，这就意味着美丽乡村的建设工作不仅是乡村的任务，而需要全社会共同努力完成。建设美丽乡村，为乡村地区营造良好的生态环境，引导乡村居民形成良好的生活方式，是顺应新时代发展的要求。

二、美丽乡村建设的实践路径

（一）深耕乡村之美，涵养新理念

在美丽乡村建设的过程中，应当坚持新发展理念，从各地面临的具体情况出发，加强建设工作的整体性和系统性，将乡村建设成为山清水秀、和谐美丽的田园乡村。这就要求当地政府等有关部门应当加强对美丽乡村建设的理解和认识，不断深化美丽乡村建设的新内涵。

第一，注意拓展乡村人文环境的新体验。绿水青山在最开始是指美丽的自然环境，不仅有益于人们的身体健康，也能够为人们提供良好的生活环境，带给人美好的感受。同时，丰厚的文化底蕴和人文环境，能够赋予山水更多的意义和价值，有助于构建环境美好、气氛和谐的乡村环境。这就需要在建设美丽乡村的同时，尊重当地的风俗习惯，保护乡土文化，让绿水青山和浓厚乡情都得以保存下来。

第二，树立系统性的发展理念。摒弃以往错误的发展理念，将美丽乡村建设看作发展与保护有机融合的系统，在遵循生态保护的基础上，发挥各方主体的能动作用，促进乡村地区经济发展。

（二）点燃乡村之美，激发内生动力

美丽乡村建设的过程中，不仅需要对村容村貌加以整治，对乡村基础设施进行完善，

还需要激发其内生动力，利用创新思维来实现对乡村生产生活方式的转变。一方面，应当对乡村地区的生产方式加以转变，实现生产美。当地政府应当从乡村的发展情况入手，加大技术创新力度，推动农业的科学、绿色发展。另一方面，要对乡村地区的生活方式加以转变，实现生活美。政府要深入乡村居民的生活中，感受他们生活中的难处和不易，急他们所急，积极创新，实现对乡村落后面貌的改善，提升乡村居民的生活质量。

（三）铸造乡村之美，强化刚性约束

美丽乡村建设是党和政府的一项重要政策举措，涉及各层级、各方面的问题，借助法律规范强化对美丽乡村建设的刚性约束具有重要意义。因此，想要保证美丽乡村的建设效果，就应当从立法、执法、守法等多个角度入手，借助法治思维规范政府和各方主体的行为，共同助力美丽乡村建设目标的实现。一方面，立法部门应当做好立法工作，从中央到地方，从抽象到具体，从法律法规到规章政策，为美丽乡村建设工作提供稳定、有序的法律指南和法律保障；另一方面，执法部门应当加大执法力度，贯彻落实相关法律规范，对违反环境保护等法律法规的行为予以惩处，只有这样，才能够将法律法规中的内容落实到位。

培养乡村居民、企业的守法意识，让他们真正认识到建设美丽乡村的重要意义，不仅能够为他们营造良好的生产生活环境，还能够为他们创造更多的经济收益。

（四）雕琢乡村之美，完善顶层设计

美丽乡村建设对构建良好乡村环境、助力乡村经济发展具有重要意义，是关系人民群众幸福生活的大事。目前，生态环境已经开始成为建设社会主义强国的制约因素。因而，应当站在一定高度上观察、分析并处理有关问题，通过战略思维完善美丽乡村建设的顶层设计。

第一，要有大局意识。当地政府应当对国内外的经济局势有所把握，对乡村问题的发展趋势有所注意，明确认识到质量工作对乡村建设的重要意义，保证各项工作的开展质量。

第二，要有问题意识。应当明确地认识到乡村建设在发展过程中的基础工作上，与发达国家仍然有一定差距，这也是我国产品国际竞争力有所不足的一大原因。同时，要有机遇意识。通过长期的发展，我国在各方面的发展都已经有了一定基础，这也为美丽乡村的建设提供了有力的物质保障。发展的机遇已经成熟，应当抓住机遇，主动探索适合本地发展情况的乡村建设模式，以积极的姿态应对挑战。

第三，应当有攻坚决心。对于美丽乡村建设过程中出现的难点问题，可以组织有关领域的专家学者进行讨论，共同商讨解决对策，最终实现美丽乡村的建设目标。

（五）引领乡村之美，推动协同治理

美丽乡村建设是关系到城市和社会各界力量的大事，是全社会应当共同承担的任务。因此，应当充分发挥各方力量的合力，推动美丽乡村建设的协同治理，在坚持党的领导地位、坚持政府主导地位的基础上，发挥社会各界的积极作用。

第一，加强政府的行政职能建设。基层政府是与人民群众的日常生活联系最紧密的行政机关，其工作能力和工作水平直接关系到人民群众的切身利益。在工作过程中，政府应当提升执法能力，加强对环境保护工作的监督管理力度，做好宏观调控工作，对排污超标的企业采取相应的处罚措施，引导农家乐等经营主体实现绿色发展。

第二，发挥社会舆论的引导作用。主流媒体应当做好美丽乡村建设的宣传工作，借助正确的舆论导向推动乡村产业结构的升级和优化。与此同时，也能够鼓励各个企业承担起社会责任，加强对新乡村建设的投资力度，合理配置各项资源，为党和政府的政策落实提供充足的保障，让美丽乡村建设成为全社会的共同心愿。

（六）恪守乡村之美，捍卫生态红线

生态红线是美丽乡村建设的底线，在新时代开展美丽乡村建设工作，应当树立底线思维，捍卫生态红线，让良好的生态环境造福乡村居民，用实际行动来保证乡村地区的生态稳定。其内涵就是要以做好生态文明建设工作作为基础，秉持节约优先、保护优先的方针。

第一，解决乡村地区基础设施薄弱的问题，解决乡村地区普遍存在的脏、乱问题，为后续工作的开展奠定了一定基础，实现乡村生态环境的提升和生态系统的稳定。

第二，在建设过程中还应当建立完善的责任制度，明确每一位工作人员的权限和责任，明确破坏生态系统、污染环境人员的责任。只有这样，才能够在每一个人的心中都形成一根生态红线，有意识地规范自己的行为，提高自己的责任感和使命感，从而形成良好的美丽乡村建设局面。

第二章　乡村产业的基础与特色发展

第一节　乡村产业的特点与价值

一、乡村产业的特点

乡村产业是指根植于农村，以农业农村资源为依托，以农民为主体，以一二三产业融合发展，特色鲜明、承载乡村价值、创新创业活跃、利益联结紧密的产业体系。"乡村产业发展是加快农业农村现代化的核心，农业生产性服务业对乡村产业发展具有重要作用。"[①] 乡村产业的特点如下：

第一，志在富民。富民是发展乡村产业的根本目标，乡村产业根植于乡村，以农民为主体，就决定它必然是为农村人民所服务的。发展乡村产业的目标是富裕农民，这是区别于以往农业产业化政策的最显著之处。在支持各地根据资源优势打造特色产业链的同时，也要更多地考虑如何把农民纳入产业链增值利益的分配中，让更多惠及农民的产业链环节留在乡村、留给农民，真正做到发展成果由农民共享。

第二，价值承载。乡村产业承载乡村价值，乡村价值是乡村产业发展的基础。村落形态与格局、田园景观、古法农耕、乡村生活连同乡村环境都是发展乡村产业的资源。乡村通过产业融合重新发挥农业农村的多功能性，赋予乡村产业发展以社会内涵、文化内涵、生态内涵。

第三，内生发展。乡村产业根植于本土，以农业农村资源为依托，以农民为主体，它的本质是内生型的。因此，乡村产业的发展优势是通过在发掘各地特色的资源禀赋基础上形成本土的特色产业和特色品牌。只有在本土人文自然资源之上发展起来的乡村产业才会有源源不断的发展动力，才能将生活在这片土地之上的农民紧密联系起来，使其成为乡村

---

①汪增洋，朱华岳.农业生产性服务业对乡村产业发展影响的实证研究［J］.东华理工大学学报（社会科学版），2022，41（05）：428.

产业发展的主力军。发展乡村产业，必须挖掘地域特色，从本土出发，走内生型产业发展模式，构建主体性视角下的乡村产业。

第四，产业融合。乡村产业以一、二、三产业融合为发展路径，不断丰富乡村业态形态。促进农村一、二、三产业融合，延长乡村产业链，把产业链的更多增值环节留在农村，让农民享受更多的收益。通过整合乡村各种资源，将现代农业和其他业态结合起来，融合发展乡村+旅游、康养、现代服务业、教育、物流、科研等业态。乡村产业的融合重点在于要素和利益的融合，乡村产业发展需要吸引更多资金、技术、人才、土地等资源向乡村汇聚，吸引能人返乡、企业兴乡和市民下乡。

二、乡村产业的价值

乡村产业的价值是多方面的，它不仅改变了农村经济的结构，也提高了农民的生活水平，促进乡村的可持续发展。

第一，乡村产业能够提供大量的就业机会，在城市经济的拉动下，大量农村劳动力进入城市，导致农村人口老龄化和空心化。而乡村产业的发展，让农民能够在本地就业，从而避免了农村劳动力短缺的问题。这样也能够让老人和儿童等弱势群体得到更好的照顾，提高农村社会的整体福利水平。

第二，乡村产业能够推动乡村的可持续发展。随着社会经济的发展，人们对生活品质的要求也越来越高。而乡村产业的发展，能够提供更加绿色、健康的农产品，满足人们对高品质生活的追求。同时，乡村产业也能够促进农村旅游等产业的发展，为农村带来更多的经济收益。

第三，乡村产业还能够提高农民的收入水平。乡村产业的发展，让农民能够从土地中获得更多的收益，提高农民的收入水平。同时，乡村产业也能够为农民提供更多的创业机会，让农民能够获得更多的收入来源。

第四，乡村产业还能够促进乡村文化的传承和发展。在乡村产业的发展过程中，农民的文化传统和历史遗产也能够得到更好的传承及发展。这些文化传统和历史遗产不仅是乡村产业的特色与优势，也是中华民族的文化瑰宝。

总之，乡村产业的价值是多元的，它不仅能够提高农民的生活水平，也能够推动乡村的可持续发展。因此，我们应该加大对乡村产业的支持力度，促进其快速发展。

第二节　乡村产业的基础条件

一、良好的基础设施和交通条件

良好的基础设施和交通能够促进经济繁荣、社会进步以及人民生活水平的提高。

第一，良好的基础设施能够提高乡村产业的竞争力。以路桥和水利为例，如果这些基础设施得到充分建设，将极大地改善乡村的交通和水利状况，使乡村产业具备更好的发展条件。此外，良好的基础设施也能够吸引更多的投资，推动乡村产业的升级和转型。

第二，良好的交通条件能够为乡村产业提供更多的市场机会。乡村地区如果能够拥有一流的公路、铁路和水路交通网络，将使乡村产品更快、更便捷地进入市场，从而获得更多的商机。此外，交通条件的改善也会促进乡村与城市之间的交流和互动，为乡村产业带来更多的发展机遇。

第三，良好的基础设施和交通条件，还能够提高乡村地区的社会发展水平。基础设施建设不仅能够改善乡村的面貌，还能够提高乡村居民的生活质量。而交通条件的改善则能够促进乡村地区的旅游、文化以及教育等多个方面的发展，推动乡村地区的整体进步。

总之，只有不断完善这些条件，才能够促进乡村经济的持续发展。政府和社会各界应该加大投入力度，切实改善乡村基础设施和交通条件，为乡村产业的繁荣发展提供有力保障。

二、丰富的土地资源与人力资源

土地资源与人力资源在乡村产业中具有不可或缺性。

第一，关注土地资源。乡村地区通常拥有广阔的土地，这为农业、林业、畜牧业等农村产业提供了丰富的生产资料。农业是乡村产业的支柱，土地是农业的基础。丰富的土地资源意味着多样性的农产品生产，包括粮食、蔬菜、水果、家畜等。这不仅满足了乡村居民的食物需求，还为乡村产业的发展提供了原材料。另外，土地还为农村旅游、生态农业等新兴产业提供了发展空间，增加乡村经济的多元性。因此，土地资源是乡村产业多元化和可持续发展的重要保障。

第二，人力资源是乡村产业的关键要素。乡村地区拥有丰富的劳动力，这一点在农业领域尤为明显。农村居民通常具有丰富的农业知识和经验，他们知道如何栽种作物、养殖家畜，并且熟悉当地的气候和土壤条件。这种专业知识和技能为农村产业的高效生产提供了坚实的基础。此外，乡村地区也有大量的劳动力可用于农村产业的其他领域，如手工艺制作、乡村旅游、农产品加工等。这些产业不仅为乡村居民提供了就业机会，还丰富了乡村生活，提高了居民的生活水平。

第三，充分发挥土地和人力资源的潜力，需要政府和社会的支持与投资。政府可以制定相关政策，鼓励土地的可持续利用，推动农村产业的发展。此外，政府还可以提供培训和技术支持，帮助农村居民提高农业和手工艺制作等方面的技能。社会可以通过投资乡村产业，促进当地经济的繁荣，改善农村居民的生活条件。

总之，丰富的土地和人力资源为乡村经济的多元化和可持续发展提供了坚实的基础。通过充分发挥这些资源的潜力，并得到政府和社会的支持，乡村地区可以实现经济的繁荣和社会的进步。这将有助于减少城乡差距，改善农村居民的生活质量，促进国家经济的平衡发展。因此，我们应该重视并保护乡村地区的土地和人力资源，使其成为乡村产业发展的强大动力。

三、适当的资金和金融支持

乡村地区虽然有丰富的土地资源和人力资源，但缺乏足够的资金和金融支持，这种局面将制约产业的蓬勃发展和可持续增长。

第一，资金支持对于乡村产业的启动和扩张至关重要。在乡村地区，很多农村企业和创业者需要资金来购买农业设备、种子、养殖用具以及其他生产资料。此外，他们还需要资金来开展市场营销、宣传推广、产品包装等活动。如果缺乏足够的资金，这些关键步骤可能无法实现，从而妨碍了乡村产业的发展。

第二，金融支持有助于提高乡村产业的竞争力。通过获得适当的贷款或投资，农村企业可以改善生产技术，提高产品质量，降低生产成本，增加产量，从而更好地满足市场需求。此外，金融支持还可以帮助农村企业拓宽市场，进一步增加销售渠道，扩大业务规模。这些举措有助于乡村产业提高竞争力，实现可持续发展。

第三，金融支持还可以促进农村就业和减少贫困。在乡村地区，很多居民依赖农业和相关产业维持生计。通过提供贷款和金融服务，政府和金融机构可以鼓励创业和增加就业机会，帮助农村居民提高收入水平，减轻贫困问题。此外，金融支持还可以帮助农村居民应对自然灾害和突发事件，提高社会的抗风险能力。

第四，要实现适当的资金和金融支持，需要政府和金融机构的积极参与。政府可以通过制定政策、建立金融机构和合作社、提供贷款担保等方式，支持乡村产业的融资需求。

金融机构可以开发专门的金融产品，满足农村企业的融资需求，同时提供财务咨询和培训，帮助农村企业提升财务管理能力。

总之，适当的资金和金融支持有助于启动和扩张农村企业，提高产业竞争力，减少贫困，促进就业，实现可持续增长。政府、金融机构和社会应该共同努力，为乡村产业提供必要的金融资源及支持，以推动农村经济的蓬勃发展，改善农村居民的生活条件，实现全面的可持续发展目标。

四、完善的市场和销售渠道

完善的市场和销售渠道，不仅有助于将农村生产的产品推向市场，还有助于提高产品的附加值和农村居民的生活水平。

第一，完善的市场和销售渠道可以帮助乡村产业将产品送达更广泛的市场。在乡村地区，许多生产者主要从事农业和手工艺品制作等传统产业，产品的销售通常面临挑战。通过建立有效的市场和销售渠道，这些产品可以被引入城市和国际市场，扩大销售范围，增加销售量。这不仅有助于提高农村居民的收入，还有助于吸引更多的投资和资源流入乡村地区，推动产业的多元化和可持续发展。

第二，完善的市场和销售渠道有助于提高产品的附加值。通过加工、包装、品牌推广等措施，乡村产业可以为产品赋予更高的附加值，提高产品的市场竞争力。例如，将农产品加工成高附加值的农产品加工品，或者将传统手工艺品打造成具有文化特色的艺术品，这些都可以为产品带来更高的价格和更广阔的市场。因此，完善的市场和销售渠道不仅有助于增加销售量，还有助于提高乡村产业的营利能力。

第三，完善的市场和销售渠道可以促进乡村居民的创业和就业机会。通过建立市场和销售网络，农村居民可以更容易地创办小型企业，提供各种服务，如农产品加工、运输、物流、销售等。这些企业创造了就业机会，吸引了年轻人留在农村，减轻了农村劳动力外流的压力。

第四，实现完善的市场和销售渠道，需要政府、社会组织和企业的共同努力。政府可以制定政策，提供培训和技术支持，鼓励市场和销售渠道的发展。社会组织可以帮助农村居民建立合作社和合作组织，共同开发市场和销售网络。企业可以投资农村产业，提供市场营销和销售渠道建设的资源。

总之，政府、社会组织和企业应该共同努力，为乡村产业提供必要的市场和销售支持，实现全面的可持续发展目标，改善农村居民的生活水平。这将有助于缩少城乡差距，促进国家经济的平衡发展。

五、新兴的技术应用与创新

新兴的技术应用与创新，不仅有助于提高生产效率，还能够推动乡村产业的现代化和可持续发展。

第一，新兴的技术应用可以提高乡村产业的生产效率。随着数字化和自动化技术的快速发展，农业和农村产业也迎来了数字农业时代。例如，农业物联网技术可以帮助农民监测土壤湿度、气温、作物健康状况等信息，从而更精确地管理农田。智能机器人和自动化设备可以自动完成种植、收割和包装等任务，减少劳动力成本。这些技术的应用不仅提高了生产效率，还减少了资源浪费，有助于农村产业的可持续发展。

第二，新兴的技术应用有助于改善产品质量和增加附加值。通过使用现代科技，农村产业可以实施精细化管理，监控产品的质量和安全性。例如，在食品加工业中，利用高科技设备可以提高产品的卫生标准，确保食品安全。同时，信息技术还可以帮助农村企业建立自己的品牌，推广农产品，拓展市场，提高产品的附加值。这对于提高农村居民的收入水平和改善他们的生活质量至关重要。

第三，新兴的技术应用还有助于推动乡村产业的多元化和创新。数字技术和信息技术可以为农村产业提供新的商业模式，如电子商务、在线销售和远程办公等。这些创新不仅扩展了产业的领域，还吸引了更多的投资和资源流入乡村地区，促进了产业的多元化。此外，农村产业也可以应用绿色技术，降低环境污染，实现可持续发展。

第四，实现新兴技术的应用与创新，需要政府、企业和研究机构的支持。政府可以提供科技政策和创新基金，鼓励农村企业投资研发和科技应用。企业可以积极采用新技术，提高产业的竞争力。研究机构可以开展农村技术研究，为农村产业提供创新的解决方案。

总之，新兴的技术应用与创新有助于提高生产效率、改善产品质量、增加附加值、推动多元化和创新，从而促进乡村经济的蓬勃发展。政府、企业和研究机构应该积极合作，为乡村产业提供必要的技术支持和创新机会，实现农村经济的现代化和可持续增长，改善农村居民的生活条件。这将有助于缩小城乡差距，促进国家经济的平衡发展。

六、紧跟时代的政策支持

乡村产业在中国的发展已经成为国家战略的一部分，国家不断出台各种政策措施，以推动乡村经济的蓬勃发展。这些政策的积极影响不仅在农村地区有所体现，而且在全国范围内都有着深远的影响。

第一，政策支持为乡村产业提供了资金保障。政府通过设立乡村发展基金、农村信用社等金融机构，为乡村产业提供了融资渠道，降低了乡村企业的融资成本，促进了乡村产业的发展。

第二，国家还出台了一系列的税收优惠政策，减轻了乡村企业的税收负担，提高了其营利能力，吸引了更多的投资者参与乡村产业的发展。

第三，政策支持为乡村产业提供了技术支持。国家鼓励农村企业加大研发投入，推动科技创新，提高乡村产业的竞争力。国家还建立了一系列的培训机构，为乡村企业提供培训和技术支持，提升了他们的管理水平和技术水平，使他们更好地适应市场需求。

第四，政策支持还为乡村产业提供了市场支持。国家积极推动乡村产业与城市市场的对接，开展了一系列的营销活动，提高了乡村产品的知名度和市场份额。政府还加强了对乡村产业品牌的保护，打击了侵权行为，维护了乡村产业的合法权益。

第五，政策支持为乡村产业提供了发展环境支持。国家大力改善乡村基础设施，建设了一批现代化的农村工业园区和产业集聚区，为乡村产业的发展提供了良好的物质条件。政府还推动了农村土地制度的改革，为乡村产业的扩张提供了更多的土地资源。

总之，国家的政策支持为乡村产业提供了资金、技术、市场和环境支持，为乡村产业的蓬勃发展创造了良好的条件。在政府的引领下，乡村产业将继续壮大，为中国经济的可持续发展作出更大的贡献。

七、满足需求的教育和培训

满足需求的教育和培训能够提高乡村劳动力的素质和技能水平，推动乡村经济的持续发展。

第一，高质量的教育体系能够培养出更多具备专业技能和知识的人才，为乡村产业发展提供源源不断的人才支持。此外，教育还能够促进人力资源的优化配置，消除人力资本的瓶颈，为乡村产业提供更多优质的劳动力资源。

第二，培训是乡村产业发展的重要组成部分。针对乡村产业的特点和需求，培训应注重实用性和实效性，帮助乡村劳动力掌握专业技能和知识，提高他们的综合素质和就业竞争力。此外，培训还能够促进乡村劳动力的流动和转移，帮助解决结构性失业问题，进一步推动乡村经济的发展。

第三，教育和培训还能够促进乡村地区的文化传承和创新。乡村地区拥有丰富的文化资源和传统技艺，通过教育和培训的推广，这些文化和技艺可以得到更好的传承和发展。同时，教育和培训还可以为乡村地区注入新的文化元素和思想观念，推动乡村文化的创新和发展，为乡村产业的可持续发展提供强大的文化支撑。

总之，只有建立健全的教育体系和培训机制，才能够培养出更多具备专业技能和知识的人才，推动乡村经济的持续发展。因此，政府、企业和相关社会组织应该加强合作，加大对教育和培训的投入力度，为乡村产业的繁荣发展提供有力保障。

八、营造可持续发展的环境

可持续发展的环境包括自然资源环境、生态环境、社会经济和人文环境等方面，是乡村产业长期稳定发展的关键因素。

第一，自然资源环境是乡村产业可持续发展的基石。乡村产业的发展离不开土地、水资源、能源等自然资源的支持。因此，保护和合理利用这些资源是可持续发展的必要条件。对于土地资源的利用，应注重合理规划，提高使用效率，同时保护生态环境；对于水资源，应强调节约利用和保护水资源，避免浪费和污染；对于能源，应积极推广清洁能源，提高能源利用效率，减少对环境的污染。

第二，生态环境建设是乡村产业可持续发展的保障。乡村生态环境的好坏直接影响到乡村产业的质量和效益。因此，保护和改善生态环境是可持续发展的必要条件。对于农业产业，应注重减少化肥、农药的使用，保护土壤和水体的环境；对于工业产业，应推行清洁生产和循环经济，减少废气、废水、废渣的排放；对于旅游等新兴产业，应注重保护自然景观和人文遗迹，避免旅游活动对环境和文化的破坏。

第三，社会经济和人文环境的可持续发展是乡村产业可持续发展的支撑。社会经济的发展能够促进乡村产业的繁荣和发展，同时也需要注重公平和包容性，减少贫富差距，提高乡村居民的生活水平。人文环境的保护和传承是乡村文化的重要支撑，也是吸引游客和提升乡村形象的重要因素。因此，应注重传承和发扬乡村文化传统，加强文化遗产保护和修复工作。

总之，只有注重自然资源的合理利用、生态环境的保护以及社会经济和人文环境的可持续发展，才能实现乡村产业的长期稳定发展。

第三节 乡村产业体系的构成

一、乡村产业体系的含义

乡村产业体系是不同类型乡村产业相互关系、相互依存的有机整体，是不同类型乡村产业并存共生、既竞争又合作的结果。乡村产业的横向拓展、纵向延伸和不同类型乡村产业的融合发展，丰富了乡村产业体系的业态。乡村产业体系包括以构建现代农业产业体系为目标的农业产业体系、乡村工业体系、乡村建筑业体系、乡村服务业体系以及乡村产业发展支撑体系和配套服务体系。

以农村一、二、三产业融合发展为代表，培育形成乡村新产业新业态新模式，也是乡村产业体系的重要内容和新增长点。还可以将乡村产业体系分为若干乡村支柱产业、乡村新兴产业、乡村配套支撑产业等。乡村产业体系由国家乡村产业体系和区域乡村产业体系等层次区分。特定的乡村产业体系，往往反映其产业链延伸、供应链协同状况和在全球价值链、区域价值链所处方位。

乡村产业体系是乡村产业生产体系和经营体系的外在表现，综合反映乡村产业的生产力和生产关系状况。现代乡村产业的产业体系、生产体系和经营体系，包括现代农业产业体系、生产体系和经营体系，但二者绝非等同。在乡村发展的农产品加工业、农产品流通业，依托乡村特色资源或特色市场开发形成的乡村工业和乡村服务业，包括乡村手工业和乡村一、二、三产业融合发展项目，都属于乡村产业体系的外延。近年来，许多乡村地区吸引农民就地就近创业、农民工返乡创业或城市人才、社会资本进乡创业，由此兴办的企业或产业也属于乡村产业。

二、乡村产业体系的特点

乡村产业体系构建，以乡村资源为中心，以县域为主要圈层，以农民为主体，以产业融合发展为根本路径，以乡村新产业新业态为重要组成，形成紧密衔接、运行高效、彰显价值的综合产业系统。乡村产业体系包含以下三个独有的特点：

（一）要素整体性

要素整体性是指各产业要素之间相互依存、相互依赖、相互影响，构成了不可分割的有机整体，形成了乡村产业的空间布局、结构形态。产业要素是指对产业生产和发展起支撑作用的物质因素和非物质因素。乡村产业体系下的产业要素包括土地资源、水资源、资本、劳动力、村落、民宅等物质性的，也包括环境、传统文化、生活方式、民俗民风等非物质性的。

乡村产业要素的整体性要求树立立体产业思维模式，把乡村所有产业要素都纳入其中，彼此融合，继而产生整体效应大于部分之和的效果。

（二）构成多样性

从传统农业来看，农林牧渔产业门类齐全，提供的是多样化的农产品。我国农业在资源上呈现人多地少的基本特征，但具体到不同乡村地域，各地发展产业的模式也不尽相同。

从新业态的角度来看，观光农业、体验农业、功能农业等新兴产业涌现，拓宽了乡村产业的发展边界，就业机会和增收空间变多。在大国小农的基本国情下，家庭经营主体仍是小规模经营，但家庭农场、农民合作社、农业企业及农业社会化服务组织等新型经营主体，在乡村产业体系不同环节，构建多元化产业经营体系。

（三）内容综合性

现代乡村产业作为一个体系，涉及的内容多，结构复杂，具有综合性。综合性意味着乡村产业之间相互渗透，表现为资源的综合功能。农业除了提供农产品这一传统功能外，还具有生态价值和提供景观、休闲环境等功能。乡村产业的综合性还指农业资源的综合利用，如农作物种植的粮食可用来食用，农作物秸秆可用作肥料、燃料，也可作为手工艺品的原料，发展乡村手工业，延伸产业链条。在产业体系环境下，乡村产业不是单纯的经济内容，还包含着丰富的乡村文化内涵，乡村习俗、风土人情等已成为现代乡村产业的重要元素。

三、乡村产业体系的构建逻辑

乡村产业体系的构建，必然要立足于各地的发展实际和发展需求，但主要逻辑是相同的，在不触碰底线的前提下，主要包括以下四个方面：

第一，以确保国家粮食安全为底线。粮食安全问题事关国家整体安全，乡村产业源于传统种养业和手工业，在新发展形势下，传统乡村产业的功能、路径、政策组合方式等都发生了变化。随着乡村产业的创新发展，农业产业逐渐突破边界，但农业基本功能丝毫不能动摇，必须保障我国人口的吃饭问题，实现粮食问题自主可控。在乡村产业发展过程中要有底线思维，必须严守耕地红线和永久基本农田控制线，要高度警惕各种形式的掩盖农田非粮化使用。

第二，以提高农业现代化水平为核心。乡村产业体系不等同于农业现代化，但核心内容仍然是农业现代化。构建乡村产业体系必须以农业为中心，以挖掘农业多功能性为依托，以提高农业产业效率为根本遵循。从农业来看，我国农业无论是价格、产量还是产品质量，与发达国家相距甚远，在国际市场上难以形成竞争力。从农产品供给来看，我国农产品只覆盖低级、粗加工市场，国内部分高端产品市场被国外品牌抢占，导致营利水平较低。

第三，以实现乡村可持续发展为支撑。乡村要想可持续发展，需要乡村有人才、需要农业有竞争力、需要乡村发展有吸引力。乡村产业体系化发展能够促使产业集聚化发展，吸引资金、人才等资源流向农村。农民和经营主体收入水平增加后，乡村基层治理能力提升，公共服务水平增强，为乡村持续发展提供强劲动力。

第四，以促进农民增加收入为宗旨。农民要增收致富关键在产业发展，构建乡村产业体系就是要发展现代产业，形成以农民利益最大化为目标的利益联结机制，缩小城乡差距，促使农民能够获得持续稳定增长的收入。

第四节　乡村特色产业的发展

一、乡村特色产业的本质、特征与功能

（一）乡村特色产业的本质

把握乡村特色产业的本质，关键是要把握其"特色"。特色是一个事物或一种事物显著区别于其他事物的风格和形式，是由事物赖以产生和发展的特定的具体的环境因素所决定的，是其所属事物独有的。乡村特色产业的特色，反映的是乡村特色产业本有的特色，是其基本的规定性及发展的属性。"培育壮大特色产业是乡村产业振兴的重要内容，是推动农业供给侧结构性改革的重要抓手，是促进农民增收的重要途径，对于激发乡村活力、增强产业振兴动能具有重要作用。"[①] 乡村特色产业的本质属性，要从以下三个方面来把握。

1. 三个维度

（1）区域维度。一个地区乡村的自然与人文资源、乡村地域性特征等因素决定着乡村产业的特色。区域特色是特色产业的基础，同时，乡村产业特色成为乡村区域特色的重要内容。

---

① 王双苗，乐敏. 促进宁波乡村特色产业发展的对策研究 [J]. 宁波经济（三江论坛），2023（08）：19.

（2）产业维度。乡村特色资源形成的乡村特色产业，决定乡村产业发展的经营方式、产业业态、产品特点及服务方式，形成特色产业发展的重要元素，表现产业维度的特点。

（3）社会需求维度。乡村特色产业是依据特色的市场需求发展而成的，旨在满足特殊人群或者社会大众的功能化的需求，如文化体验、休闲养生，降低三高等，从而相对其他产业而具有鲜明的时代特征。

2. 三个层面

认识一个产业的特色，需要把握三个层面：①产业层面。产业层面是产业自身存在的特色。产业属地特色的突出表现是乡村，根植于乡村资源与环境。②发展层面。发展层面具有自身发展的突出特点，由此，有别于其他产业发展。③价值层面。价值层面是相对社会的阶段性的特色需要而创制的乡村新兴产业。

3. 四个发展环节

一个完整的产业有四个发展环节，把握这四个环节的特点，就是了解乡村产业的特色。

（1）把握乡村特色产业的资源环节。乡村特色产业是由乡村特色资源形成的产业。资源的性质、特色、区位、种类决定乡村特色产业。

（2）把握乡村特色产业的形态特色是具体产业特色的表现形式，由融合方式、手段、业界等决定一个产业呈现的产业特点。

（3）把握乡村特色产业的产品特色是特色产业实现产业价值，形成多元的特色产品，满足人们生理需求与精神文化需求，实现体验消费与物质消费的有机结合的载体。产品特色是产业特色最直接、最核心的形式。

（4）把握产品功能与市场需求。一个产业特色是与一个特定的目标人群价值需求相关联的，了解一个产业的特色，往往可以从一个特定的人群及其特殊的需要出发来把握。

（二）乡村特色产业的特征

1. 特色鲜明

（1）乡村特色产业必须以独特资源作为其发展的基础。这些资源可以是与特定地区紧密相连的自然、文化或产业资源，它们在乡村地区独一无二，为产业的发展提供了坚实的基础。举例而言，特色农业便是充分利用了某一地区独特的农业资源，将其转化为特有的名优产品，从而形成了现代农业的特色产业。

（2）乡村特色产业需要与所在地区的特征相辅相成，形成一种重要的支撑关系。产业的发展不仅反映了区域地方特色，同时也构成了对这些地方特色的认知。这种紧密的互动关系促使了产业和地区的共同成长，为乡村产业的特色提供了坚实的基础。

（3）乡村特色产业的产品品质必须特殊而独特，具有功能上的特殊性，并且在市场上享有一定的知名度。这意味着这些产品不仅在质量上有着独特之处，还能够满足消费者的特殊需求，使其在市场中脱颖而出。这种独特的产品品质使乡村特色产业更加具有竞争力。

（4）乡村特色产业需要有相对明确的目标市场，形成特定的消费市场。这意味着产业应当能够满足特殊人群或市场用户的需求，并且有着广阔的市场前景和规模优势。这种市场的相对明确性有助于乡村特色产业更好地定位自己，开拓市场，实现可持续发展。

2. 乡村独有

乡村独有是乡村特色产业的鲜明特点。与一般产业相比较，乡村产业的空间属性是乡村，乡村特色产业是利用乡村资源优势创建的乡村产业。一般来说，是以乡村资源禀赋和独特的历史文化资源为基础，根植于农业农村、由当地农民主办、彰显地域特色和乡村价值的乡土经济活动，如特色粮油、特色果蔬、茶叶咖啡、食用菌、中药材、特色畜禽、特色水产、棉麻蚕桑、林特花卉等特色种养业和乡村食品、酿造、纺织、竹编、草编、剪纸、风筝、陶艺、木雕、木工等特色手工业。除此之外，还以乡村元素作为融合发展的条件，创建新兴产业如休闲旅游、现代康养产业。

3. 农民主体

乡村特色产业是农民创业的产业，也是农民致富的产业。广大农民在实践中积极探索"订单收购+分红""保底收益+按股分红""土地租金+务工工资+返利分红"等方式，极大推动乡村特色产业的发展。还通过股份合作，形成分工明确、优势互补、风险共担、利益共享的农业产业化联合体的形式，引导社会资源流向农村，推动乡村发展。

4. 相对优势

相对优势，是一种可持续发展的潜在与现实能力。一个特定的乡村产业的相对优势是指，其相对其他相关产业有较强的发展能力。乡村特色产业的发展能力所表现的相对优势，主要由乡村特色产业的特点决定：特色产业发展有其他产业发展不可替代的区位与资源条件。

技术成熟的特色农产品，可以形成知名品牌，即有较强的产业集群能力，容易形成"一乡一业，一村一品，一县一特"的区域品牌，成为组建区域特色农产品产业体系的基础。在不断满足用户现实需求的基础上，具有引领潜在市场的能力。特色农产品发展符合区域分工的要求，有利于发挥比较优势，形成优势互补的区域发展格局。

（三）乡村特色产业的功能

乡村特色产业的基本功能是产业功能。表现为以大众喜爱的优质产品满足市场需要。乡村特色产业除具有一般的产业功能之外，还具有以下功能：

1. 推动融合发展的重要路径

融合是创新乡村新型特色产业的手段，其路径与目标是乡村特色产业。多产业、多元素跨界融合，为乡村特色产业创造新型资源。乡村新兴产业及其新业态创新，通过多产业相"+"，推动文体、农业、旅游的有机结合而得以创新发展。比如乡村康养、文化体验与休闲、乡村旅游产业就是多产融合创新的结果。融合，在城市与乡村之间构筑要素互通、环境共享、联系稳定、良性互动的有机整体，实现城乡统筹发展，为社会资源流向乡村提供通道。

2. 供给侧结构性改革具体抓手

乡村特色产业是面向市场的，是市场导向性产业。乡村特色产业的创新成为推动传统农业由生产导向向市场导向转型，由规模导向向提质导向转型的重要推手。一种地方的特色蔬菜、特色果品、特色粮油、特色饮料、特色花卉、特色纤维、道地中药材、特色草食畜、特色猪禽蜂、特色水产等发展，将成为加快推动一个地区农业产业调整与优化结构的重要内容。乡村特色产业也是效益产业，是适应消费结构升级，居民消费由吃得饱转向吃得好、吃得营养健康，消费呈现多元化、个性化发展趋势的重要产业，推动乡村产业高质量发展。

3. 推进生态优化的新兴产业载体

特色农业具有气体调节、水源涵养、土壤保育、废物处理、生物多样性保护等生态价值。可以创造良好的自然资源和环境，在某种程度上，使自然资源系统得到修复和强化，实现生态环境资源的服务和供给价值。其生产要素本身就是构成生态环境的主体因子，对促进经济的持续发展、生存环境的改善、保持生物多样性、防治自然灾害，为二、三产业的正常运行和分解消化其排放物产生的外部负效用等，具有积极的、重大的正效用。

乡村特色新兴产业如康养、乡村休闲旅游等需要配置生态景观资源，提升传统乡村的景观化水平。通过对湖、田、林、村、水、山、路进行综合整治，促进"山美、水美、人美、田美、路美、村美"的美丽生态田园形成。特色农业对优化区域生态系统起重要作用。

4. 乡村文化传承与创新

（1）传承农耕文化。乡村特色产业需要配置乡村特色文化资源，在农业文化遗产地表现更为明显，其具体表现方式除文字记载外，还有歌曲、故事、谚语、仪式等形式。

（2）保护文化的多样性。中国重要文化遗产中，除稻作、梯田、农田水利等比较传统的农业文化外，茶、水果、干果、中草药等特色农业也很有文化内涵。

（3）提供教育和审美。特色农业生产在传承、维护和创造地域文化、民族文化等方面的作用不可替代。特色农业蕴藏着丰富的文化资源，对人们的价值观、世界观和人生观的形成有积极作用。

（4）推动文化产业的发展。各地以乡村文化元素为资源，通过"文化+"的多元发展形式，创新多姿多彩的文化产业。

二、乡村特色产业的重要性

（一）响应社会新需求的新产业

社会新需求正在加快向纵深发展。社会新需求表现为，现实的新需求与未来潜在需求向现实新需求转化的新需求。新时代的新需求是当代社会生活整体变革所引起的。总体来看，主要表现为三个方面。

第一，社会生活新需求需要满足。从未来乡村的功能需要来看，未来乡村是生态涵养之地，是中华民族传统文化传承与创新的策源地，是人们精神家园的归宿，是区域社会经济发展的重要支撑与有机组成部分。从人们对乡村产业的市场需求来看，人们对乡村产品的需求已经由本土向区域，由中低端向中高端，由单一向多元化，由大众向个性化，由满足温饱向功能营养方向发展。需求结构正在由单一的物质产品需求向文化体验、健康营养、生态休闲、养生养老综合性高质量需求转变。

第二，新时代新关系需要构建。重构新型关系，需要着力构建工农产业融合、相互协调、共同发展的工农关系；着力构建城乡互助，区域一体的城乡关系与村镇关系；着力构建国民经济与农业发展的新关系。需要加快拓展农业的多功能性，充分发挥其新基础性地位，构建乡村产业促进国民经济发展的新关系。

第三，乡村发展的新动能需要创新。从历史上看，我国农村变革的动力，一般来源于农民对生活资料特别是土地的再分配的要求。当代，我国农业基本的经营制度已经确立，推动乡村发展的新动能取决于三个方面的创新：①发展机制的创新。必须紧紧依靠市场需求，创建市场决定产业发展的机制，推动乡村产业发展。②发展手段的创新。必须推动多元与多业融合，通过实现融合创新来实现乡村发展。③转型升级的创新。必须紧跟市场变化，紧紧依靠资源创新、科技创新、运营创新来实现乡村发展。

（二）正在成为农民创新创业平台

第一，农村创新创业日渐活跃。全国各地围绕乡村发展，制定并落实支持返乡下乡人员创新创业政策，吸引农民工、大中专毕业生、退役军人、科技人员等到乡村创新创业，形成人数增加、领域不断拓宽、层次不断提升、载体不断增多的成功景象。

第二，特色产业扶贫扎实推进。结合发展优势特色产业，在贫困地区培育农业产业化龙头企业、农民合作社，有力带动建档立卡贫困户脱贫致富。除此之外，一批特色产业集群正在兴起。比如，目前已经建成甘肃定西马铃薯、江西赣南脐橙、陕西洛川苹果、湖北潜江小龙虾、重庆涪陵榨菜等。市场供求日益活跃带动贫困地区销售农产品，促成签约项目。科技人才支撑有力，在脱贫任务重的省份实施农技推广服务特聘计划，组建科技服务团，培训众多带头人和大学生村官。

第三，构建可持续发展的乡村特色产业。围绕创建可持续发展的乡村特色产业，多元化利益联结机制逐步构建。各地发展企农契约型合作模式，让农户与农业产业化龙头企业签订订单。推广利益分红型模式，通过"订单收购+分红""保底收益+按股分红""土地租金+务工工资+返利分红"等方式，促进农民持续增收。探索股份合作型模式，形成分工明确、优势互补、风险共担、利益共享的农业产业化联合体。

第四，推动农民劳动与生产方式的转型。智能化时代，新型消费方式正在加快推动传统农业组织方式向现代产业组织方式转型。传统的生产导向型农业向市场导向型农业产业转型。单一产业向多样化集群式发展转型。本土性市场向区域化全球市场转型。分散的小农向集体主导的混合经济体转型。低端供给向高质量高效益产业转型。传统的"化学农业"向生态循环式农业发展方式转型。自产自销向产销分离，销地市场向销地与产地相结合转型。农民自身单一农业生产劳作向自主创业经营转型。

（三）实践创新推动特色产业发展

第一，创建"一村一品、一乡一业、一县一特"。乡村特色产业快速发展，形成一批特色鲜明的小宗类、多样化乡土产业，创响特色品牌。各地依托乡村资源，发掘农业与乡村新功能新价值，培育新产业新业态，县、乡（镇）、村特色产业综合体不断显现。

第二，传统农业产业不断升级。全国建设国家现代农业产业园、国家农业科技园、农产品加工园，创建农村产业融合示范园、农业产业强镇等。融合载体呈现丰富多样的发展态势。农产品加工深入推进，引导加工产能向粮食等主产区布局，促进就地加工转化。特色农产品加工不断创新，特色产品品牌不断创建。

第三，乡村新产业不断创新发展。休闲农业和乡村旅游精品工程的实施，推动各地建设休闲观光、乡村民宿、健康养生等园区景点，休闲农业和乡村旅游蓬勃发展。乡村新型服务业创新发展呈快速发展态势。

第四，乡村产业形态不断丰富。跨界配置农业和现代产业要素，促进产业深度交叉融合，形成"农业+""文化+""旅游+"等多业态发展态势。农业文化、农业教育、农业旅游、乡村康养、乡村电子商务等产业快速发展。发展中央厨房、直供直销等延伸型农业、综合种养等循环型农业。

三、乡村特色产业的发展经验借鉴

（一）安徽怀宁蓝莓特色产业

安徽怀宁县背靠大别山，丘陵地区面积约 96 万亩，土壤以呈微酸性的红壤、黄棕壤为主，长期以来都有野生蓝莓分布。现已形成良种繁育、规模种植、休闲采摘、预冷保鲜、食品加工等较为完整的蓝莓产业链，蓝莓种植规模、供应量占安徽省半数以上，成为长江三角洲地区最大的蓝莓种植区。怀宁县蓝莓产业的成功经验在于建立了灵活的收益分享模式：

第一，山场流转+雇工。为了发展蓝莓产业，怀宁县将农户名下的山场、荒地予以合理流转，流转了山场、荒地的农户在蓝莓基地务工。整个蓝莓种植过程从山场翻耕到土地平整，从种苗栽培到除草剪枝，从冷藏保鲜到精深加工，都有大量的用工需求，吸纳了当地富余劳动力就地就近就业，既盘活了农村闲置资产，又增加了农户资产收益。

第二，订单收购+分红。对于农户个人或联户种植蓝莓的，蓝莓公司免费培训和提供幼苗，同时考虑到蓝莓精深加工投入大、准入条件和技术要求高，蓝莓公司与种植户建立了稳定的订单和契约关系，由蓝莓公司保底收购，并按照事先约定分配其红利，确保一般种植户也能分享到蓝莓加工、流通环节的利润。

第三，农户入股+保底收益+按股分红。农户通过申请用农村小额信贷参股蓝莓企业，既能享受到保底收益，还能按股分红，更有一些村镇结合农村"三变"改革，让农户用山场资源参股，投资发展蓝莓产业，真正实现"资源变资产、资金变股金、农民变股东"。

（二）河南新郑大枣特色产业

河南新郑市是中国大枣的故乡，有"中华枣都"之美誉。新郑大枣产业多年来已经形成"农、工、科、贸"为一体的现代化产业链条。

第一，建立高于国标的质量体系。新郑大枣从种植、收获、加工到销售的各个流程，都严格制定操作手册，按照手册规定实行统一种植、储运、加工、包装，保证全过程无污染、无农药、无添加。从地标产品、欧盟认证到制定高于国家标准的生产手册和基地标准，新郑大枣在行业中牢牢占据龙头地位，其高于国家标准的生产操作标准也荣获"首届中国农业博览会银质奖"和"国家地理标志产品"称号。

第二，活动营销提高品牌辨识度。新郑经常举办"大枣节"，在网上开通大枣栏目，在商务部国际网站上悬挂"新郑大枣"品牌链接，将新郑大枣的招牌越做越大。每年的新郑大枣年会和产销对接会上，强大的宣传推广力度使"世界大枣看中国，中国大枣看新郑"成为共识。新郑大枣借助树立出来的品牌优势，建立了农超对接、农批对接、电商交易等多种直销渠道，同全国各地百余家大型商超、连锁店签订长期供货合同，在阿里巴巴、京东等知名电商平台设立旗舰店，构建出新郑大枣直销全国各地的绿色通道。

第三，精深加工让普通大枣变身"金铛铛"。新郑大力发展大枣精深加工业，由大枣生产基地向加工中心延伸，由大枣农业向大枣工业转型，与国内外大枣科研院所合作，建立了河南省大枣产业技术联盟、河南省级大枣产业园区，把高新技术从实验室移植到大枣产业链上，研发了大枣饮料、大枣粉胶囊、大枣保健品等 30 余种精深加工商品，涵盖了大枣加工、食品保健、生物制药等多个领域。

（三）河北阜平食用菌特色产业

阜平县于 2012 年开始，充分利用当地环境，聚焦本地特色的菌类食品产业的规模化生产，目前建成了上百个大型食用菌生产园区。阜平食用菌特色产业的成功在于其发展模式的以下特点：

第一，建立"一会、十社、百企"，形成"一核四心、百园覆盖"，建立"六统一分"运作模式，即企业负责建棚、育种、种植、技术、品牌、销售六统一，农户分户栽种管理。

第二，组建专家团队，成立太行山食用菌研究院，引进先进的栽培技术和模式，牢牢把握住食用菌生产战略方向，占据市场主导权。

第三，引进龙头企业，统一品种、技术和品牌，注册商标和地理标志，打造"阜平香菇"品牌等，提升品牌知名度。

（四）乡村特色产业的发展启示

第一，立足资源禀赋，规划好相关产业和支撑产业的发展是乡村特色产业提升竞争力的关键，综合考量乡村特色产业发展的影响因素，确保产业选择的科学性和合理性是重要前提。特色农业相关支持性产业的发展对促进乡村特色产业、降低发展成本从而提高竞争力有很强的支撑，规划好相关支持性产业的发展是特色农业发展中不可忽视的环节。乡村特色产业的中介服务较差，农业合作组织缺乏，乡村特色产业的相关产业和支撑性产业的发展滞后，都是影响其发展的重要制约因素。

第二，在分工协作的基础上延伸特色农业产业链。乡村特色产业企业之间既存在上下游关系，又存在联合机制，企业间联合而带来特色产业集群的竞争优势，要在分工协作的基础上延伸特色农业产业链，提高特色农产品的综合价值，增强当地乡村特色产业竞争力，为当地的经济发展做出重要贡献。乡村特色产业存在较为严重的初级产品现象，深加工远远不够，竞争力不强，其主要原因就是产业链较短，特色产业的综合效益没有实现。

第三，充分发挥政府在乡村特色产业发展过程中的宏观调控作用。乡村特色产业链在形成的初期需要政府对种养的农产品进行统筹规划，在发展过程中需要政府投资加强基础设施建设并提供乡村特色产业集群化发展所需要的公共服务和优惠政策，扶持企业创新，秉持人才是第一资源的理念，持续引进高端人才，激发出企业发展和创新的活力，保障特色产业不断发展壮大。在安徽怀宁蓝莓特色产业、河南新郑大枣特色产业、河北阜平食用菌特色产业的发展过程中，都可以看见政府无形之手在背后的大力推动。

四、乡村特色产业发展对策

（一）提高多元主体协同效应

1. 加强树立协同发展理念

要想更好地推进乡村特色产业发展壮大，就必须加强树立各生产主体的协同发展理念意识，以协同治理理念为先导，建立灵活的收益分享模式，把握特色农业市场的发展机会，积极将本地乡村特色产业和国家乡村发展工作同步谋划，实现协同治理。

第一，农户要彻底转变传统的土地观念，主动接纳乡村特色产业发展中的创新模式，融入乡村特色产业一体化发展体系的构建中来。

第二，企业要改变单纯以营利为中心的功利主义思想，树立共赢意识，加强技术培训，利用高科技发展外向型经济，与农民建立利益共同体关系。

第三，政府要做好统筹，引导乡村特色产业各相关主体和谐共处、互利互惠的同时，也要兼顾生态环境的保护工作，在发展经济与保护生态环境之间找到实现可持续发展立足的平衡点，真正形成全面协同发展的良好格局。

2. 发展新型农村生产主体

当前，乡村特色产业经营主体正处在成长的关键时期，用各种方式方法推进产业化、规模化经营，不断壮大乡村特色产业化龙头企业，加快培育乡村特色产业经营主体，引导工商资本下乡，是推进乡村特色产业发展的时代使命。

（1）开展各种形式的规模化管理，包括以提高乡村特色产业生产要素配置效率为目标，合理利用相关资金，充分调动小农户的生产积极性；通过农村土地集约化、规模化管理，集合农村土地资源促进土地流转，开展形式多样的土地流转；依照农户的自愿，集中统计耕地存量确权到户，建档造册，按最终经营利润进行分红，或鼓励农户以承包地入股合作社的方式参与管理；加快乡村特色产业生产社会化服务体系建设，形成财政优先保障、政策倾斜、各方参与的多元投入格局。

（2）不断壮大乡村特色产业龙头企业。重点扶持聪明人集团、德福农业、汇友生态农业、坪地林木种植、高峰猕猴桃种植、高峰南区山水果种植等全产业链标杆型龙头企业，充分发挥乡村特色产业龙头企业的引领示范作用，创新使用"龙头企业+基地+合作社+农户"模式，坚持"扶优、扶大、扶强"原则，让本地优势强、收益高、见效快、市场需求量大的乡村特色产业产品得到长足发展。

（3）引导工商资本下乡，让城镇工商企业向乡村特色产业投资，向农村引流人、财、物以及技术、先进理念等，从而推动特色农业发展。首先，要建立严格的工商资本准入制度，预防"非农化"倾向，鼓励工商资本从特色农产品入手，用现代化、市场化、企业化的思维推动乡村特色产业发展转型升级。其次，要建立工商资本下乡情况定期报告制度，安排专人及时收集、统计本地区、本系统推动工商资本下乡的情况，并于每季度末及时上报。

（二）构建紧密利益联结机制

紧密型利益联结机制是以农户分红创收为基础，实现共同富裕、打造共创共享局面的重要机制，是乡村特色产业发展的重要途径。因此，需要重点发挥这一机制的作用，通过农民的广泛参与、农企之间的收益共享模式的形成及政策的引导，不断提高农户参与融合的意愿和能力，创新收益分红模式，使更多农民享受产业发展带来的红利。

第一，提升农户参与度。提高农户在乡村特色产业发展中的主体地位，让他们有获得感。具体内容包括：①通过提高农民对合作经营的信任和积极性，可以向农民群众广泛宣传讲解乡村特色产业发展的优惠政策，鼓励农民围绕本土特色勇于探索和实践，大力提高农民的综合素质，增强农民挖掘特色产业的本领和能力。②引导新型乡村特色产业经营主体多元融合发展，引导新型乡村特色产业经营主体以不同的方式共享收益。③发展村组织集体经济，增强乡村特色产业经营过程中的"造血"能力。

第二，创新收益分享模式。促进农民持续增收是发展乡村特色产业的主要任务。①创新设计各式利益联结方式，让农民获得更多产业融合的发展成果，促进乡村特色产业经济实现多元化。②鼓励推行共同营销模式，通过股份制、协议合作、土地流转等利益联结模式，让农民的钱包鼓起来。③在农户与企业之间建立稳定的契约合作，形成分工合理的农民合作组织，引进先进的农业技术和管理经验，发挥乡村特色产业龙头企业资金支持的作用和培养发展特色产业农场。④健全涉农特产品商家利润分配机制，完善多元投入保障机制，详细部署资本要素供给，采用激励政策、引入多种组织等方式进一步完善利润分配机制，系统解决乡村特色产业发展中"钱"的难题。

（三）推动产业深度融合，培育新产业新业态

推动乡村特色产业融合发展是实现产业兴旺，提高农民收益，为农村经济持续健康发展保驾护航和探索乡村特色产业现代化道路的重要举措。

1. 优化乡村特色产业体系

建设适应现代化经济发展要求的乡村特色产业体系是实现农村产业兴旺的经济基础，也是关键所在。根据乡村特色产业的基本内涵，应从特色种植业、畜牧业等各方面优化乡村特色产业体系，对特色种养业、加工业等实行供给侧结构性改革，提高供给质量，增加服务供给。

（1）推进农村工业化。推动乡村特色产业发展与农村工业化是相辅相成的，通过延伸产业链和转变发展方式形成新商业模式，带动资源、技术、市场需求在农村进行结构重组，加快一、二、三产业的融合步伐。推进农村工业化可以从引进乡村特色产品加工业、创新发展饲料工业、推进农机装备产业等入手。

（2）引进农村服务业。加快发展农村服务业，是促进农村地区经济结构升级的有力推手，因此，要鼓励多种融合方式的探索，发展农资配送、农业科技创新与推广、仓储物流以及农产品的托管等市场化服务，规范服务行为，助力乡村特色产业的有序健康发展。

2. 培育新产业新业态

新产业新业态是现代技术和管理经过深度融合和创新的产物，比如基础设施建设、生态环境、乡风民俗等，要把这些本地特色元素添加到产业融合发展中来统筹规划。

特色农业除了产品经济功能以外，还具有政治、社会、生态、文化等方面的促进作

用，围绕农业的多种功能实现产业融合发展可以从大力发展农村休闲旅游、智慧农业、创意农业等方面入手，充分发挥乡村特色产业资源的优势，开拓孕育新产业和新业态，为农村地区可持续发展注入新的活力。

3. 打造新载体、新模式

近年来，各地在发展特色农业的过程中，对一些新载体、新模式的探索层出不穷，乡村特色产业融合发展的"园区"队伍不断壮大，特色农业产业园、特色农业科技园、特色农产品加工园等如雨后春笋般涌现，在搭建新平台的同时，特色村镇、特色农业产业化联合体以及特色农产品电商等平台应运而生，改变着全国乡村特色产业的面貌。

（四）创新融资机制，拓宽融资渠道

随着乡村特色产业发展进程的不断加快，对资金支持的需求越来越高，应进一步改善农业融资现状，营造良好的金融生态环境。应推动地区信用体系建设，创新抵押方式和开发金融新品，为急需资金周转的企业与农户及时"输血"，形成"共担风险、利益均分"的共赢格局。

第一，推动地区信用体系建设，对原分散于工商、人行等部门的散乱征信管理体系进行融合，净化农村金融生态，建立覆盖地区全部企业、个人的诚信数据库并共享；对失信行为给予制裁，降低金融机构的信贷风险，有效保护债权人的经济利益。

第二，充分发挥各类融资平台效能，以生产主体质押资产的方式获取银行贷款支持企业、农户创业，解决资金底子薄弱的企业和农户筹钱难的问题，扩大特色农业领军企业的示范效应。

第三，政府合理使用扶贫资金和乡村产业发展专项资金，对发展乡村特色产业给予政策倾斜，按照"强特色、创品牌、带农户"的组织原则，为各类上级扶持资金规范管理提供全新政策保障。可以采取以资折股、入股分红、租赁使用等形式，提升资金使用效率和效益。

第三章　乡村振兴战略的关键要素与规划机制

第一节　乡村振兴战略的背景与本质

一、乡村振兴战略的背景

乡村是国民经济和社会发展的重要组成部分。2017年，乡村振兴战略被提出，正是基于中国特色社会主义，围绕当前社会主要矛盾变化的准确判断，结合我国乡村当前亟须解决的重大问题，做出的重大战略抉择。近年来，我国乡村地区建设发展取得重大成就。随着工业反哺农业的能力进一步增强，城乡关系调整加快，推动乡村振兴战略的基础设施条件已然具备。

中国乡村已经具备快速发展的基础与动力，乡村水电路网等基础设施与农业科技装备不断完善，科技观念不断更新，科技水平不断提高。交通基础设施、公共服务设施以及互联网技术的深度运用，极大缩短了城乡空间距离，使农业生产方式和乡村流通方式发生了重大变革，资源与市场、资金、人才等资源聚集地之间的距离大为缩短。

随着工业化和城镇化进程的快速推进，从产业分工协作和城乡全面融合的角度看，新型工业化、信息化、城镇化和农业现代化"四化"同步发展的时机已经具备，构建工农互促、城乡互补、全面融合、共同繁荣的新型工农城乡关系已经进入关键时期，实施乡村振兴战略恰逢其时。

二、乡村振兴战略的本质

第一，乡村经济振兴。乡村经济振兴，是乡村振兴战略的物质基础。只有经济得到发展，乡村的物质生活水平以及物质生产能力才能够真正得到提高，同时影响和带动乡村政治、乡村文化、乡村社会、乡村生态乃至整个乡村的振兴发展。乡村产业振兴的发展过程，也是乡村产业兴旺的实现过程，是乡村经济发展的必由之路。乡村经济振兴的本质是优化乡村产业结构，提高乡村产业科技含量，推动乡村产业融合创新。

第二，乡村政治振兴。乡村政治振兴，是乡村振兴战略的可靠保障。乡村政治振兴有利于调动人民群众的创造性与主动性，提高乡村居民的参与意识，完善健全乡村德治与法治。在乡村经济社会发展过程中，乡村民主政治必须适应人民群众参与政治的诉求，建立人民群众愿意参加、可以信任的乡村各级组织，包括乡村基层政权、乡村基层党组织等，发挥村级党组织在群众中的桥头堡和主心骨作用，大力加强农村的道德建设、法治建设、诚信建设和公共服务体系建设，进一步改善农村公共服务环境，完善服务设施，提升服务质量，提高组织凝聚力，完善各级乡村组织的职能，为乡村有效治理奠定组织基础。

第三，乡村文化振兴。乡村文化振兴，是乡村振兴战略的灵魂。实现乡风文明主要依靠文化振兴，应重视乡村振兴中的文化传承，突出乡村特色，保留乡村传统美和特质美。文化繁荣可以为乡村经济社会发展提供精神动力和智力支持，良好的科学文化素养、崇高的理想信念和道德情操，有助于乡村文化创造活力的充分释放，能够推动文化创新成果的不断涌现，并最终反馈到乡村发展的实践。

第四，乡村社会振兴。乡村社会振兴的基础，是乡村人才振兴。通过乡村人才振兴，可以汇聚足够的人才资源，有助于推动乡村振兴发展。一方面，实施乡村人才振兴可以引进和培养愿意在农村扎根、热爱农业和农村的城市人才，促进乡村社会发展；另一方面，把城市人才积累的经验、技术、资金及管理等带到乡村，能够造福乡村，激发乡村发展的内在活力。乡村社会振兴通过建立健全乡村社会管理和社会保障体制机制，是乡村社会和谐安定，长治久安的重要保障。

第五，乡村生态振兴。通过生态振兴，实现生态宜居的总目标。一方面，绿水青山就是金山银山，解释了生态发展与经济发展的紧密联系；另一方面，绿水青山也是生存之山，栖息之山，是人类生存的基础。只有重视生态保护，将人与自然的和谐发展作为乡村振兴发展的前提和基础，才能真正实现乡村振兴发展的宏伟蓝图。只有农民群众的生态意识增强，乡村生态振兴才有坚实的群众基础。生态振兴就是要把生态文明建设作为乡村振兴战略的重中之重，高度重视农村人居环境建设，切实加强领导，科学规划，精心组织，加强农村基础设施建设和环境整治。

第二节　乡村振兴战略的内容

一、乡村振兴战略的科学内涵

乡村振兴战略的科学内涵可以从以下方面理解：

（一）乡村振兴战略的基础：生态宜居

建设生态宜居的美丽乡村，重视生态建设，满足人民对美好生活的需求。乡村生态宜居的目标有了自己新的内涵，是提出了"生产、生活、生态"相融合的理念，注重低碳经济发展的乡村经济发展新模式。走可持续性、低碳以及绿色发展道路是生态宜居乡村建设的核心。

乡村产业兴旺实际上已经包含生态保护和建设的底色，旨在进行生态宜居乡村建设的过程中，实现生态文明的同步促进，探索富有中国特色的乡村建设的可持续发展模式，以实现生活富裕的更高品质。

要想实现乡村的健康发展和有效治理，要做好对乡村生态的治理，衡量对乡村的治理是否有效，首先要考察乡村生态治理的相关体制机制是否有效。因此，在生态宜居美丽乡村的建设过程中，要抓好抓实乡村生态文明建设这一基础性工程，为广大乡村打造更美好的未来。

（二）乡村振兴战略的核心：产业兴旺

现阶段，我国提出产业兴旺的概念替代了生产发展的理念，通过这种提法上的不同，可以看出我国的农村政策变得更加务实，焦点更加聚集，实现农业农村的现代化成为农村工作的主要目标。

产业兴旺的提法能够体现出农业农村工作的新重点，那就是不仅要追求产量的增加，同时也要追求质量的提高，要从过去多采用的粗放型的经营方式向精细型的经营方式转变；要改变过去低端的供给方式，向高端供给方式转变；要改变不可持续的发展模式，坚持走可持续发展的新道路。农村产业的融合与发展是实现城乡融合的关键所在。

产业兴旺的目标不仅包括促进农业的发展，而且还包括进一步丰富农村的发展业态。将农村的一线、二线以及三线产业整合起来，实现共同发展，将推进供给侧结构性改革作为农业农村发展的主线，促使供给质量进一步提升，供给效益进一步增强，在农业农村的发展过程中实现质量和效益的双重推进，不断提升农业的产能，增加农村的附加值，提高农民的收入，缩小城乡之间的差距。只有实现了产业的兴旺，才能让农民的生活更加富裕，要想促进乡村文明建设，对农村实施有效管理，前提是引领农民走向富裕，促进产业兴旺。

（三）乡村振兴战略的根本：生活富裕

生活富裕既是乡村振兴战略的根本，也是实现全体人民共同富裕的必然要求。生活富裕是当前阶段实现共同富裕的基本形式，充分体现了我国处于社会主义初级阶段的基本国情和主要矛盾；共同富裕是乡村生活富裕的目标导向和价值追求，彰显了中国特色社会主义的制度优势和发展优势。

生活富裕，必须提高农民收入。在新的经济形势下，农民要增收，首先要发展新产业新业态，打破城乡二元经济，推动一、二、三产业融合。通过鼓励和引导新型农业经营主体延长农业产业链，对农产品进行深加工，把农业附加值留在农村内部。同时，合理布局生产、加工、包装、品牌，打造完整的农村电商产业链。其次要有效促进农民工工资性收入持续增长，通过户籍制度改革及其配套制度，为农民进城务工创造良好环境。

生活富裕，必须完成脱贫攻坚的任务。要聚焦深度贫困地区和特殊贫困群体，以精准脱贫目标、标准为主线，改善贫困地区发展条件，解决特殊贫困群体实际困难，激发贫困人口内生动力，夯实贫困人口稳定脱贫基础，为实现乡村生活富裕打好基础。

生活富裕，必须促进农民的全面发展。要优先发展农村义务教育，实施健康乡村振兴战略，推动城乡教育和健康事业一体化发展，全面提高农民文化素质和身体素质。要创新乡村人才培育引进使用机制，强化乡村振兴人才支撑，加大对人才尤其是返乡人才的支持力度。

（四）乡村振兴战略的关键：乡风文明

文明乡风建设是创造文明中国的基础，有了文明的乡风才有文明的中国。只有对文明乡风加以传承和发展，才能树立新风气，取得新发展，真正实现乡村振兴。在乡村开展精神文明建设以及文化建设的重要目标是创建乡风文明的新农村。乡村文明建设的基础就是要开展正确的家庭教育，有效推进家风建设，培育良好的家风家训。

文明乡风的树立和推行，能够令社会风气得到有效净化，推进乡村德治，实现对乡村的有效建设和治理环境的进一步改善；推进生态宜居乡村建设的步伐，促进乡村生态文明建设；能够凝聚人心，集合人气，促进创业氛围的有效形成，为乡村产业的快速发展打好基础；能够汇聚农村群众的精神财富，进一步丰富文化生活，能够达成精神生活更加富裕的建设目标。

在推进乡风文明的过程中，要对农村地区优秀的传统文化实施保护，对这些传统文化进行历史渊源的探寻，摸清其发展脉络，确定基本走向；要完善家教家风家训建设的机制；挖掘出蕴藏在民间的优良的家风家训，让更多的农民群众自觉地以好家风家训为行动的指南；建立起长效机制来实现对优良家风家训的传承，让优秀的家风家训走入校园，走入课堂，要将优良的家风家训编写成读本，鼓励创作反映优良家风家训的作品，促进文明乡风建设的发展取得实效。

（五）乡村振兴战略的保障：治理有效

农村的快速、稳定的发展，离不开对乡村的有效治理。只有实现了对乡村的有效治理，才能建立起良好的秩序，保证生态宜居乡村的顺利建成，有效建设乡风文明，提高农民生活水平，推进农村产业的兴旺，有序推进乡村振兴。

实现国家同社会的高效整合是实施乡村治理的成果体现，要盘活并充分利用乡村治理的各种资源，特别是增量资源，提升乡村治理的有效性，明确其价值导向，有效解决乡村社会中普遍存在的分化与冲突。乡风建设的最大目标是实现对乡村的有效治理，采用多元化的治理手段，充分体现治理过程中的包容性和开放性。所有能够推进乡村治理的资源都应当被整合和利用，不再被治理技术和手段所禁锢，要均衡乡村社会的良好秩序，努力创造农村治理的绩效。

在建立健全乡村治理体系的过程中，要将法治、自治与德治结合起来，这是对乡村实施有效治理的内在要求，也是乡村振兴战略中的重要组成部分，同时也是实现国家与社会达成有效整合的体现，要总结和发展近年来实施农村治理的经验，坚守依法治村这个底线，还要吸引乡村社会治理的传统经验，实现乡村治理格局的多元化。

二、乡村振兴战略的特征

乡村振兴涉及资源、经济、文化、自然等乡村发展的多方面内容，是一个经济、社会、人口、空间和环境等协同发展的动态过程。乡村振兴是乡村生产、生活、生态全方位的发展，它的具体特征主要表现在以下方面。

（一）经济性

乡村振兴战略的首要目标是经济振兴，因此乡村振兴具有经济性。经济性是乡村发展必不可少的特性，没有经济特性的乡村振兴不是完整意义上的振兴。作为推进农村经济社会全面发展的一项国家战略，乡村振兴必须以强大的农村经济为后盾。而乡村产业振兴，一方面为乡村经济发展提供动力，另一方面为乡村经济发展质量和可持续性提供保证。

（二）逻辑性

乡村振兴需要遵循严格的逻辑框架，是具有逻辑性的实践行为，乡村振兴实践需要科学把握逻辑起点和逻辑思路。通过对乡村振兴理论的剖析，相关理论可以概括为三个部分：

第一，与乡村振兴相关的观点和假设。这是乡村振兴战略的逻辑起点，它决定了乡村振兴战略的基本价值取向。

第二，乡村振兴战略的基本理论基础。它是指导乡村振兴实践的基础和理论指导，同时也是乡村振兴可行性的关键。

第三，乡村振兴战略的具体实践，也是乡村振兴战略的实际落脚点。从乡村振兴战略的理论与逻辑分析，到乡村振兴战略的具体实践，是乡村发展实现"质"的飞跃的必由之路。

（三）科学性

乡村振兴属于系统科学的范畴，具有科学性。

第一，乡村振兴立足于中国乡村发展的实际，遵循乡村发展的客观规律，充分考虑乡村的自然条件与先天禀赋，因地制宜，循序渐进，不能违背科学性原则，盲目开展乡村建设。

第二，乡村振兴不仅是一个村镇建设的问题，更是一个融合农业、农村、农民三个层面共同发展的问题，也是一个城乡融合和人与自然和谐发展的问题。

乡村振兴不仅是乡村经济建设，更是囊括乡村经济、社会、政治、生态、科技、教育、文化、交通等多个方面的整体发展战略，必须从系统论思想出发，在完备的科学体系指导下方能完成。

（四）层次性

乡村振兴是立足现有基础和条件下的全方位、多层次、宽领域的乡村发展过程，因此乡村振兴应坚持系统思维。

乡村振兴主要针对农村、农民、农业三大主体的发展问题，应紧密围绕乡村发展系统的结构特征和功能需求，逐层开展乡村振兴工作。可见，分层次是乡村振兴工作的客观要求，从功能实现角度来看，可以将乡村振兴工作划分为三个阶段，即浅层功能阶段、中层功能阶段和深层功能阶段。

（五）动态性

乡村振兴是一个过程，是长期演变的结果，具有动态性。"乡村"的概念和内涵本身是随时代的变化而不断演变的，乡村这一名词本身就带有发展的动态性。乡村振兴作为新时期农村发展的新阶段，必须与时俱进地反映时代特征。每个时期乡村发展的状态，随着乡村社会的发展而发展，所以乡村发展过程中要解放思想，把握时代发展的脉搏，立足当下，不断创新。

（六）实践性

乡村振兴是一项实实在在的系统工程，不能只停留在理论研究的层面，实践性是乡村振兴战略的本质特征之一。乡村振兴是一项需要全社会参与的社会活动，不是自发的自然现象。同时，乡村振兴需要科学的理论指导，需要建立在对乡村振兴理性认识的基础之上，并需要经过实践的检验。

从某种意义上来说，乡村振兴理论的目的和价值依赖于乡村振兴实践的成败，没有实践的推动，乡村振兴理论不能得到验证和丰富；没有实践的推动，乡村振兴便失去了过程性，只能始终停留在一种预期状态，也就失去了存在的意义。

三、乡村振兴战略的意义

农村地区是具有自然、社会、经济等综合特征的地域综合体，是农村居民生产生活的主要承载地，也是传统文化传承、生态环境保护的重要载体。乡村与城市相互促进、共生共荣，是人类活动空间的重要组成部分。实施乡村振兴战略，是有效解决新时代我国社会主要矛盾的重要路径，更是全面建设社会主义现代化强国的重要保障，具有极其重大的现实意义和深远的历史意义。

（一）有助于解决发展不平衡的基本要求

中国特色社会主义，对国内发展的历史方位给予明确。随着社会主要矛盾的变化，经济社会发展将面临新的挑战。人民对美好生活的追求和经济发展的不平衡之间的矛盾已经上升为新时代我国社会的主要矛盾。只有将乡村振兴战略落实到位，才能全面促进社会主义现代化的基本实现和社会主义现代化强国的建设。

（二）有助于解决市场经济矛盾的抓手

随着国内逐步向市场经济转变，资源配置上也越来越被市场经济所引导，从而使得社会稀缺资源的配置效率也得到了显著提升，为生产力的不断发展提供了优势条件，并且在社会劳动分工上也开始细分化和深入化发展。

实现国际国内两手抓，不但要将开放经济战略和对外开放政策落实到位，更需要在正确的政策引导下加强创新能力和开放合作能力的提升，加强对外贸易的拓展和进行贸易新业态新模式的培育，从而促进贸易强国建设步伐，为贸易和投资的自由化提供更好的政策保障，创新对外投资的方式。

加强国际产能合作发展，既要形成国际经济合作和竞争新优势等局面，也要加大力度促进乡村振兴战略的落实，这样才能获得经济和社会的长治久安。受国际复杂多变形势的影响，对内的乡村振兴战略比对外开放政策可能更加安全有效，也能获得更好的成效。

（三）有助于解决农业现代化的重要内容

农村剩余劳动力向城市转移，使得农民收入得到了显著提升，脱贫攻坚战取得了阶段性的胜利，农村改革进展顺利，这全面推进了农村的各项建设，有利于乡村振兴战略的顺利实施。

国内经济的稳健前进，城乡居民生活水平的提高，这为新时期农村建设发展带来了新的机遇和挑战。将乡村振兴当成是党和国家的首要任务，国家和党组织要充分认识这一目标，完善体制，加大力度进行建设，为新时期全国城乡居民发展提供有利条件，同时强有力地推动农民教育科技文化的进步发展。

（四）有助于全面建设社会主义现代化强国的有力保障

社会主义现代化强国建设是整体性建设，能否整体实现，农业农村现代化、农民实现增收致富是其首要指标。实施乡村振兴，事关整个社会主义现代化建设大局。实施乡村振兴战略，推动广大乡村地区快速发展，实现产业兴旺、生态宜居、乡风文明、治理有效、生活富裕，不仅能够为农业农村现代化的顺利实现提供坚实的物质基础，而且能够为全面建设社会主义现代化国家提供保障。

第三节　乡村振兴战略中的资源认知与资源提升策略

一、乡村振兴战略中的资源认知

认知是指个体对信息的处理和理解方式，包括感知、思维、学习、记忆、问题解决、语言理解等心理过程。中国乡村振兴战略中的资源认知如下。

（一）对来源的认知

从乡村的视角来看，乡村振兴战略的资源来源主要有三种形式，即来自乡村外部、来自乡村内部和内外结合。乡村振兴中资源来自哪里关乎乡村发展模式的选择。为了形成新内生发展模式，可以地方参与和地方资源为前提，在捍卫内生发展所表达的价值立场的同时，重视内部与外部、地方与超地方的整合。

中国实施乡村振兴战略以坚持农民主体地位、坚持城乡融合为基本原则，中央一号文件反复强调激发贫困人口内生动力，强化以工补农、以城带乡，推动形成工农互促、城乡互补、协调发展、共同繁荣的新型工农城乡关系。因此，中国乡村振兴要借鉴内生发展新模式，注重乡村内外部资源的整合利用，在内外结合、城乡融合方面多下功夫。

（二）对主体的认知

乡村资源主体是乡村资源配置中的基础范畴，不同资源主体性质特征、价值取向、需求偏好、资源禀赋、资源配置的手段和方式等方面存在较大差异。

市场是被认为配置资源效率最高的一种方式，遵循市场规律，鼓励引导工商资本参与乡村振兴，鼓励在乡村地区兴办环境友好型企业，大力发展农村市场主体，培育发展家庭农场、合作社、龙头企业、社会化服务组织和农业产业化联合体等。

中国乡村振兴必然包含小农户的振兴，小农户是乡村振兴中最重要的资源主体之一，既要在资源配置中确保其利益不受损，也要充分激发其内在动力。中国乡村振兴语境下还包括"第一书记""工作队""科技特派员"。关系人口来自城市，与乡村有千丝万缕的关系，在乡村振兴中会发挥"耳目、喉舌、智囊"的作用。识别上述资源主体，是对资源主体的性质特征、需求偏好、资源获取渠道和方式等微观事项进行研究和确认，从而采取差异化策略精准对接。

（三）对分类和属性的认知

分类是认知走向理性和科学化的第一步，而属性认知反映了对事物本质的认知向核心层面推进。乡村的各类资源并不存在非此即彼的类型界限，往往是彼此嵌合，形成不可分割的融合体。

第一，内部资源和外部资源。内部资源是乡村自身拥有的资源，也称为在地资源。外部资源是指来自乡村外部的资源。

第二，自然资源和社会资源。自然资源是指具有社会有效性和相对稀缺性的自然物质或自然环境的总称，主要包括土地资源、旅游资源、水资源、矿产资源、海洋资源、能源资源、旅游资源等，自然资源具有有限性、区域性、整体性、多用性等特征。自然资源的种类、数量、功用、开发程度、替代速度等取决于人类的认识，其成为资源的条件是使用价值已被认识，已具备开发和利用这种资源的成熟技术，社会需要开发这种资源。自然资源在乡村振兴战略中扮演着重要角色，其管理创新对推进乡村振兴战略实施具有重要支撑和保障意义。社会资源是在一定时空条件下，人类通过自身劳动在开发利用自然资源过程中所提供的物质和精神财富的总称，包括人力资源、智力资源、信息资源、技术资源、管理资源，政策资源、文化资源，社会资源具有易变性、不平衡性、社会性和继承性等特征。

第三，初级要素和高级要素。初级要素包括自然资源、气候、地理位置、人口统计特征等，高级要素包括通信基础设施、复杂和熟练劳动力、科研设施以及专门技术知识等。

第四，重要资源和特殊资源。人口、土地和资金是传统的核心要素，也是乡村振兴战略的三大主要资源。人口是创造和生产价值的主体，劳动力资源是经济发展的主要力量，是能够推动和促进各种资源实现配置的特殊资源。在乡村振兴中，人才是整合和开发资源的关键，本身是乡村资源中的重要组成部分，同时也是乡村治理资源的关键组成部分。土地是最重要的农业生产资料，也是乡村经济增长的基础支撑，土地不但是最重要的生产资料，更是社会地位和社会财富的象征与载体，土地成为整个社会财富的"蓄水池"。资本对于乡村经济发展的作用极为重要。

（四）对配置的认知

资源具有综合性、系统性特征，乡村振兴资源配置是指各种资源在乡村振兴活动中的分配。乡村振兴资源配置的逻辑起点在于资源的多用途性和要素资源的稀缺性，乡村振兴资源配置的内在依据在于乡村振兴战略的限定性和任务的多维性。乡村振兴活动使得乡村功能得以巩固拓展，乡村功能有效展现最终使得乡村振兴战略的目标得以实现。

在乡村振兴"资源—活动—功能—战略"耦合系统中，资源合理配置支撑着乡村振兴活动的有效开展，进而支撑着乡村功能的展现，最终支撑着乡村振兴战略目标的实现。乡村振兴资源配置要合乎目的性和规律性，遵循效益和效率原则，注意资本效率和社会效率的平衡，考察每一个资源要素对乡村生产、生活、生态、社会、文化等功能所发挥的作用。另外，要关注资源自身之间的协调平衡，要素之间合理的关系有助于每个要素发挥其作用，达到和谐共生的状态。

（五）对空间、平台和载体的认知

所有的资源本质上都是由人类生产活动所创造的，人类所有的生产活动都是在一定空间或平台上展开的，因此这些空间或平台是资源配置的重要载体，也是整合资源的重要载体，认识并积极构建这些载体对于提升资源配置绩效具有重要意义。

资源整合中重要的是要形成开放式整合载体和高效能整合机制。乡村振兴中，主要存在以下资源空间或平台：

第一，产业。从产业形成来看，资源禀赋是产业集聚的最初诱因，资源促进了产业空间的形成。产业形成后反过来能够促进区域内空间资源的优化配置。

第二，组织。组织是资源转化器，任何组织成立的目的都是将资源转化成产品或服务，从而实现一定的功能。组织也是市场和计划之外不可或缺的配置城乡资源要素的第三条路径，形成城乡资源要素配置兼顾公平和效率的优化合理格局的关键是架设介于市场和政府之间的合作组织、企业组织、行业组织共同构成的多元化资源要素配置体系。

第三，社会网络。社会网络和政府与市场一样，是第三种资源配置的方式。乡村社会关系网络具有明显的工具性，既能整合乡村内部资源，又能吸引政府和市场注意力整合外部资源。另外，产业网络也是一种介于市场与企业之间资源配置的重要方式，为生产要素的流动提供了制约架构。

第四，平台或虚拟平台。平台是集聚资源的重要载体，可以创办或设立有形的或无形的，形态各异的平台，例如乡村振兴顾问团、农业产业园区等。另外，项目也是整合资源的载体，一些有形的或无形的公共空间也是整合资源的载体。

二、乡村振兴战略中的资源提升策略

（一）加大资源主体能力提升

资源主体是指包括资源所有者、管理者、使用者、受益者等在内的所有利益相关者的总称，包括政府、企业、社会组织、乡村社区、家庭和个人等。加快构建新发展格局等叠加影响，需要重新审视国家资源战略和以资源为核心的国家战略能力。"进入新时代，中国乡村要振兴，必然要求乡村资源禀赋结构、乡村资源配置逻辑、乡村资源认知水平等发生历史性变革，从而达到与现代乡村功能、乡村振兴战略、乡村振兴实践等内在要求高度匹配。"① 这些都对资源政策制定者、资源管理者等资源主体的资源规划能力、资源治理能力、资源配置能力提出了更高要求。

乡村现代功能需要对乡村文化资源、生态资源等给予足够关注，对于一些潜在资源、沉睡资源、历史资源等认知和保护以及资源、资产、资本递进转化提出了新的要求。另外，要把乡村振兴战略这篇大文章做好，必须走城乡融合发展之路。新社会转型背景下，城与乡的边界出现模糊化和相互渗透的趋势。乡村与城市生产生活的相互渗透，乡村居民交往半径的拓展延伸，对于资源的认识要突破原有乡村的边界。与此同时，一些新进入乡村的资源主体、关系人口、新村民要加大在地资源的认识。资源大量下乡要加强资源的甄别、整合、融合等，这些对于资源主体资源配置能力也提出了新的更高的要求。因此，要加强学习培训，组织交流观摩，编写成功案例经验，促进资源主体资源配置能力提升。

（二）加快形成社会共识

在中国乡村振兴实践中，提升资源认知水平的关键是形成社会共识。不仅要在一般意义上形成社会共识，即国家层面的重大战略必须关注资源的战略性支撑，从而避免缺少具有针对性的国家资源战略，使国家层面的战略部署难以解决主要矛盾。

坚持农业农村优先发展特殊语境下形成社会共识，即实施乡村振兴战略必须优先配置资源。把实现乡村振兴作为全党的共同意志、共同行动，做到认识统一、步调一致，在干部配备上优先考虑，在要素配置上优先满足，在资金投入上优先保障，在公共服务上优先安排，加快补齐农业农村短板。

利益是形成共识的基础，价值是形成共识的导向，而制度则是形成共识的必要条件。利益层面要维护群众切身利益，强化公众对乡村振兴所具有的粮食安全、生态保护、文化传承等宏观利益、公共利益、长远利益的认知，还要消除贫富差距、化解利益冲突，破除阻碍形成共识的利益结构和利益版图。价值层面要弘扬和践行社会主义核心价值观，更广泛、更有效地动员和激励广大群众积极投身乡村振兴。制度层面要破立并举，消除工业和城市优先配置资源的制度惯性和累积影响，形成有利于农业农村优先发展、资源优先配置的政策体系和制度框架。

（三）加强基础工作与中层理论研究

乡村振兴资源优先配置需要在资源治理、教育培训、学术研究上适当倾斜，扭转长期

---

① 倪良新，孟丽，欧树同. 乡村振兴背景下城乡资源的整合融合 [J]. 石河子大学学报（哲学社会科学版），2023，37（01）：23.

以来乡村资源治理粗放化、教育培训边缘化、学术研究荒漠化等不利局面。

第一，宏观上建立乡村资源普查机制。联合资源管理部门、农业农村部门成立专门机构，确立乡村资源分类目录框架，全面摸清乡村在地资源的类型、数量、质量、使用情况以及乡村外部可供乡村使用的资源类型、获取渠道、整合融合方式等。

第二，微观上制定乡村资源清单。制定指导手册，扩大"清单制"乡村治理经验，引导县、乡、村了解自身资源禀赋、特色和优势，制订区域资源清单。加强涉农涉乡政策学习，制定政策资源清单。制定乡村振兴"关系人口"清单，建立"能人返乡"数据库。

第三，基础制度建立和基础设施建设。加快基础制度建立，加大基础设施建设力度，构建统一的城乡要素资源市场，破除阻碍城乡资源顺畅交流的藩篱。

第四，研究构建资源认知总体框架。理论上迫切需要构建乡村资源认知的总体框架，从战略层面、战术层面、策略层面系统深入思考乡村振兴"资源来自哪里""资源用于何处""资源如何转化""资源何以重构"等系列中观层面的议题，将"农业农村优先发展"宏观政治命题，"资源来自哪里""资源用于何处""资源如何转化""资源何以重构"等中观研究议题，乡村资源如何甄别、获取、配置、管理等微观实践问题协同思考和具体化延伸，构建兼具政治性、学术性、实践性的乡村振兴中层理论，为乡村振兴实践中优化配置资源提供解释性框架。

第五，构建乡村资源学科体系、知识体系、科研体系和人才培养体系。探索设立乡村资源学或乡村资源经济学等学科，跨学科系统构建知识体系，加强乡村资源领域基础理论和中层理论研究，系统构建乡村振兴亟须的高层次人才培养体系。

第四节　乡村振兴战略的规划与机制

一、乡村振兴战略的规划

（一）乡村振兴战略规划的类型

1. 政府主导型

国家主导型是乡村振兴发展中的一种重要模式，此处的国家主导是在宏观和中观层面加大政策扶持，推动各类产业园区、产业集群的组建和发展。在这种模式中，国家不仅是乡村振兴发展的直接规划者，综合开发的领导者，而且是乡村振兴实践的主导者，资源的投入者，收益的主要享有者。

乡村振兴产业园区、集群的性质以及开发目标、方式、管理者等都由政府确定，乡村的规划及开发阶段所需资金主要由政府提供（通过拨款、银行贷款等）。政府主导型乡村振兴具有较大的强制性，具有目标明确统一、资源结构比较合理、稳定性较好等特点，同时也存在着监督困难、效率低下等问题。

2. 经济吸引型

乡村振兴以产业振兴为核心，乡村产业振兴能够为乡村带来显著的直接经济效益，提高乡村居民收入。国家对乡村振兴实施了一系列支持政策，获得国家的政策支持，能够节约生产成本，间接提高经营利润。乡村振兴还能够改变社会公众对乡村的态度，提高乡村的美誉度，为乡村产品广开销路。乡村振兴还体现乡村社会责任的担当，能够赢得更多投资者的关注。

乡村振兴提高全社会对乡村产业经济效益的预期，必将吸引更多的逐利性社会组织参与乡村振兴领域。企业家是潜在营利机会的掌握者、最能动的创新要素以及创新风险的承担者，乡村振兴背景下的乡村产业价值链具有链条更长、节点交叉、结构复杂等特点，其中的商业价值较为隐蔽，容易被忽略，一些有远见的投资者能够发现乡村发展中有价值的成分，成为乡村振兴产业发展的先驱者。

为了让更多投资者发现乡村振兴中的商机，一方面，可以加强对投资者的培训，激发企业家精神，让更多的投资者发现乡村振兴中蕴藏的巨大商机并积极行动，再通过丰厚的回报吸引更多投资者。可以政府或行业协会的名义建立培训机制，邀请国内外乡村振兴领域的知名专家以及在乡村振兴领域取得成功的投资者作为培训讲师，激发企业家创新精神，形成庞大的信息交流网络，提高投资者对乡村振兴战略的认知水平，为乡村振兴创新成果的共享和扩散创造条件。另一方面，加强宣传，不仅要宣传乡村振兴战略的潜在优势，还要宣传政府的相关扶持政策，搭建乡村振兴信息服务平台，组织乡村发展推介会、乡村振兴发展论坛、乡村振兴经验交流会等，通过让更多人了解乡村振兴战略的经济发展前景，吸引各行各业的实干者加入乡村振兴领域。

3. 资源启动型

资源启动型乡村是依托区域优势资源发展起来的，具有明显的地域特色。资源启动型乡村往往具有资源种类单一、乡村发展缺乏活力等特性。同时，在价值创造过程中，资源启动型乡村常常存在资源消耗高、资源浪费以及环境污染等问题。

乡村振兴强调资源的循环利用、再生利用和集约利用，重视资源的减量使用和利用效率，资源启动型乡村具有的资源依赖程度高、物质流量大等特征，决定了其必须走全面发展的乡村振兴之路。资源启动型乡村重点需要解决资源消耗、环境承载力、生态修复等问题，所以资源启动型的乡村振兴模式更加适合拥有可再生资源的乡村，以资源消耗模式的创新为突破口，驱动乡村振兴发展。

4. 技术推动型

技术是推动乡村产业、乡村生产、生活方式变革的重要力量。附加值高的农产品一般都是技术密集型产品，技术依赖性高，譬如，绿色低碳技术、再生循环技术、信息化技术等。技术推动型乡村振兴在技术创新的推动下创新乡村产业链，强调科学研究和由此产生的技术创新是推动乡村一、二、三产业融合的主要动力。

技术创新可以从三个方面推动乡村振兴发展：①采纳先进的生产技术提高资源利用率或寻找可替代资源，力求以最少的资源消耗创造最大的经济效益；②通过技术创新最大限度地降低乡村发展的成本，提高乡村发展的效益；③通过技术合作实现产业融合，推动资源的综合利用和集约化利用。在"乡村振兴技术—乡村产业融合—乡村各领域发展"的链条中，产业融合主要受技术创新的驱动，而不依赖于市场需求。由此可见，重视乡村振兴中的技术创新，构建乡村振兴技术创新体系，成为技术推动型乡村振兴快速发展的关键。

为此，需要将技术创新活动的终端从市场扩展到环境，使技术创新的各个环节以乡村产业发展需求为终端和开端，以逆向物流、信息流和知识流为纽带，开拓技术创新模式。通过强化产学研联合，建立技术服务支撑体系，增强乡村自主开发能力，加大对乡村技术创新的扶持力度，建立健全循环型产业集群的技术创新机制，以技术创新为手段推动乡村全面振兴发展。

5. 综合驱动型

综合驱动型乡村振兴战略的动力源就体现了多要素共同作用的结果，且要素之间是相辅相成的，并随着时间、地点的变化而变化。在某些情景下，某种要素的力量占据主导地位，而在另外的情景下，其主导地位又会发生变化。各要素在乡村振兴发展的不同阶段也发挥着不同的作用，在发展初期主要受资源禀赋、政府行为和潜在经济利益的影响，在快速成长阶段则更多地受到技术推动的影响，当发展到成熟阶段后则表现得更为复杂。可见，乡村振兴战略的发展过程是一个资源启动、政府促动、技术推动、市场拉动以及利益诱动的综合过程。

（二）乡村振兴战略规划的作用

第一，有助于整合和统领各专项规划。乡村振兴关乎环境保护、农村治理、文化生态、产业建设、人才培育等多个领域的工作。乡村振兴规划的落地能够使不同行业、不同内容的工作职责更清晰。只有将乡村振兴战略的目的明确了、分工明确了，具体的措施明确后，才能更好地进行统筹安排，真正打造一个系统完善、功能齐全、城乡一体的规划体系。

第二，有助于优化空间布局，促进协调发展。随着发展速度的不断提升，农业领域当中的一些问题亟待解决，环境、经济、生产等矛盾逐渐突出，这给农业的发展带来了较大的阻碍。乡村振兴规划的出台能够使得农村发展区域优化，发展的格局初步奠定，有助于形成科学、高效、生态、健康的农业发展新局面。

第三，有助于分类推进村庄建设。农业经济的发展带来的变化是多方面的，它能够带动村庄建设的成熟，也能使农民居住环境不断优化。乡村振兴规划的出台能够使乡村的地域文化更加彰显，鲜明的地域特色被充分挖掘出来，文化得到更好的传承。坚决杜绝千篇一律等问题，留住乡村的多样性，彰显差异性，让不同风格的乡村留下来、传下去，推动高质量乡村建设的步伐不断加快。

第四，有助于推动资源要素合理流动。乡村振兴规划的出台，使得城乡融合的步伐加快，也有效利用了财力、人力、物力等多样化资源，突破了原有的城乡发展障碍，资源的流动性明显增强，农村发展有了更加坚实的物质依托，发展的障碍得到了有效破解。

第五，有助于实施乡村振兴战略。人们需要毫不动摇地坚持和加强党对农村工作的领导，健全党管工作方面的领导体制和党内法规，确保党在农村工作中始终总揽全局、协调各方，为乡村振兴提供坚强有力的政治保障。当下，国家十分重视乡村振兴规划的制定。国家的基础工作已经初步完成，省、市两级也在不断地调整与制定规划，部分省份的规划已经完成；不少地区明确重点，推出了一系列举措，还有一些地区启动了部分项目；社会各个领域、全国部分地区的农业农村工作者对乡村振兴战略的成就充满信心。

（三）乡村振兴战略规划的功能

1. 生产与经济价值功能

乡村的生产与经济价值功能尤为显著，乡村使得耕地保护有了重要的基础，也为精耕细作的开展奠定了重要的基础；同时，乡村的种植业与养殖业的发展使得农民的生活有了重要的生活依赖，促进了能量的不断循环。乡村是农业文化不断发展的重要依托，农业文化的发展才有了无限的可能。乡村形态的存在使得手工业的发展空间更大，庭院经济也因此获得了迅速发展。

近年来，农业的特色化趋势日益明显，乡村旅游的发展空间越来越大，这充分说明环境建设对于经济发展的意义所在，也彰显出乡村为农民生活幸福感的提升奠定了重要的基础。产业兴旺要求手工业、种植业、养殖业以及旅游业等多种行业齐头并举，而乡村恰恰为这些行业的发展提供了最可靠的平台，人们对美好生活的诉求也因此而得以实现，产业融合有了更广阔的空间和平台。

2. 生态与生活价值功能

乡村的生态价值通过多种形式表现出来，不仅涵盖环境优美、景色秀丽的自然生态，也包括乡村内在的文化架构。乡村确保了人与自然之间的和谐共生，也充分彰显出人对自然的尊重，对于自然规律的把握；农村主要的自给生活方式使得生物多样性存在无限的发展可能，这恰恰顺应了自然发展的基本规律，也被看作一种健康的生存方式。低碳生活作为农村所推崇的重要生活方式之一，顺应了循环经济发展的基本诉求，形成了独属于乡村的生态圈子，彰显出劳动人民对于资源开发与利用的大智慧。

宜居环境的内涵是丰富的，涵盖古村落、农村设施以及各种民俗建筑等，除此之外，村民的和谐相处与丰富的乡村文化也能够给人们带来精神的享受；正是因为这一原因，乡村被我们看作自然舒适的养生场所。随着乡村建设的不断成熟，我们必须重视生态价值的挖掘，不能一味地仿照城市进行建设，否则，就会造成农业链条中存在各种问题，带来资源问题、生活问题等。

3. 文化与教化价值功能

我国的乡村文化内涵丰富，主要体现为它与山水相结合，将其内涵充分挖掘出来，古村落、田园风光被展示得淋漓尽致，尤为重要的是，它将中华文化独特的道德形态、思维方式、风俗民情、独特信仰等展示得淋漓尽致。

我们应该充分认识到敬老爱亲、诚信友善、与人为善、互帮互助等传统文化是乡村治理的重要依托，也是确保乡风文明建设迈上新台阶的根本保障。

在乡村振兴战略规划的过程中，如果我们不能正确认识乡村振兴战略的内在价值和基本规律，必然会导致战略规划与农民诉求的相互剥离，优秀文化自然难以得到更好的传承。规划的制定过程中，必须凸显乡村价值，真正去探索促进乡村价值有效提升的实现方式。要想真正促进乡村价值的有效提升，可以把乡村价值无限放大，可以发展特色养殖，大力推广乡村手工业，将地域文化的丰富内涵挖掘出来，发挥品牌效应，也可以不断拓展乡村功能，把其经济价值充分挖掘出来。

此外，将乡村体系的功能释放出来，如可以发展特色文旅产业，将潜在的教育、文化、环保、生态等资源的红利释放出来，特别是促进旅游、休闲等产业的发展。乡村振兴实施的过程中，需要吸引外来力量的广泛参与，外界力量能够引导人们挖掘乡村的特定价值，为乡村带来更多的福利。充足的资金引进可以让乡村获得更大的成就，进而获得更大的发展动能。然而，需要注意的是，不管是外来的或者是引进的各种要素，都需要突出农民的主体性。我们只有充分尊重农民的主体性，构筑更加完善的乡村价值机制，才能确保各种目标的如期实现。

（四）乡村振兴战略规划的编制

为协调处理发挥国家规划战略导向作用与增强地方规划发挥指导作用及时性的矛盾，建议各地尽早启动乡村振兴规划编制的调研工作，并在保证质量的前提下，尽早完成规划初稿。待国家规划发布后，再进一步做好地方规划初稿和国家规划的对接工作。县级规划还要待省、地市规划发布后，再尽快做好对接协调工作。按照这种方式编制的地方规划，不仅可以保证国家规划能够结合本地实际更好地落地，也可以为因地制宜地推进乡村振兴战略的地方实践及时发挥具体行动指南的作用。

在乡村振兴战略规划的编制和实施过程中，要结合增进同新型城镇化规划的协调性，更好地引领和推进乡村振兴与新型城镇化"双轮驱动"，更好地建设彰显优势、协调联动的城乡区域发展体系，为建设现代化经济体系提供扎实支撑。好的战略规划应该具备激发实施者、利益相关者信心的能力，能够唤醒其为实现战略或规划目标努力奋斗的"激情"和"热情"。好的战略规划，往往基于未来目标和当前、未来资源支撑能力的差距，看挖潜改造的方向，看如何摆脱资源、要素的制约，通过切实有效的战略思路、战略行动和实施步骤，不断弥合当前可能和未来目标的差距。

重视规划的战略思维，要在规划的编制和实施过程中，统筹处理"尽力而为"与"量力而行"、增强信心与保持耐心的关系，协调处理规划制定、实施紧迫性与循序渐进的关系。在编制和实施乡村振兴战略规划的过程中也是如此。重视规划的战略思维，还要注意增强乡村振兴规划的开放性和包容性。

在乡村振兴规划的编制和实施过程中，培育网络经济视角，对于完善乡村振兴战略的规划布局，更好地发挥新型城镇化或城市群对乡村振兴战略的引领、辐射、带动作用具有重要意义。注意引导县城和小城镇、中心村、中心镇、特色小镇甚至农村居民点、农村产业园或功能区，增进同所在城市群内部区域中心城市（镇）之间的分工协作和有机联系，培育网络发展新格局，为带动提升乡村功能价值创造条件。

要结合培育网络经济视角，在乡村振兴规划的编制和实施过程中，加强对乡村振兴战略的分类施策。在编制乡村振兴战略规划的过程中，提出推进体制机制改革、强化乡村振兴制度性供给的思路或路径固然是重要的，但采取有效措施，围绕深化体制机制改革提出一些切实可行的方向性、目标性要求，把规划的编制和实施转化为撬动体制机制改革深入推进的杠杆，借此唤醒系列、连锁改革的激发机制，对提升规划质量、推进乡村振兴战略的高质量发展更有重要意义。

为强化乡村振兴战略的规划引领，加强规划编制和实施工作固然是重要的，加强对乡村振兴规划精神的宣传推广，还可以将工作适当前移，结合加强对关于实施乡村振兴战略思想的学习，通过在规划编制过程中促进不同观点的碰撞、交流和讨论，更好地贯彻中央推进乡村振兴战略的意图和政策精神，提升乡村振兴规划的编制质量与水平。

要结合规划编制和实施过程中的调研，加强对典型经验、典型模式、典型案例的分析总结，将加强顶层设计与鼓励基层发挥首创精神结合起来，发挥榜样的示范引领作用，带动乡村振兴规划编制和实施水平的提高。

二、乡村振兴战略的机制

（一）乡村振兴战略机制的实施重点

1. 坚持和推动乡村振兴战略机制的高质量发展

当前，我国经济正在由高速度向高质量的阶段转变，坚持和推动乡村振兴战略机制的高质量发展是今后一个时期经济政策和宏观调控的总体目标和要求，也是我国社会主义现代化建设的必经之路。

（1）敢于面对我国现阶段社会发展过程中的矛盾和问题。实施乡村振兴战略一定要加快农村现代化建设进程，尽全力改善亿万农民当前的生活状态和精神面貌，与此同时要解决好"人"和"物"的问题，既要将乡村振兴战略的工作做好，还要解决好农村中的短板问题。

（2）将乡村振兴战略与科学发展相结合，以供给侧结构性改革为突出内容，完善乡村振兴战略的政策环境，不断提高农村人力资源的利用率以及千万农民的积极性，不断提高农业质量和农村竞争力。

（3）加强乡村振兴战略中农民的参与度，努力提升农民的幸福感和安全感，将农民的根本利益放在首要位置，促进农民共同富裕，为农村和农民创造更大的利润空间。

2. 补齐公共设施建设，缩小城乡差距

实施乡村振兴战略，在我国社会发展过程中急需解决的问题就是城市和乡村之间发展的不平衡以及农村地区发展不充分的问题。因此，今后我们一定要创新方法，奋力进取，调节好城市和乡村之间的发展关系，优先发展农村地区公共基础项目建设，加快农村地区的发展，补齐农村公共服务设施建设短板，缩小城市和乡村之间的差距，将农村农业和农民的问题落到实处。

要实现农村、农业、农民的健康和可持续发展，还要建立并完善农村土地产权制度，做好发展过程中系统性、整体性和协调性工作。健全相关的法律法规制度和配套设施，这也是实施乡村振兴战略的根本点和落脚点。

3. 多措并举，加快促进城乡融合

我国社会正走城乡融合发展之路是实施乡村振兴战略的重要举措，要不断地向着工业信息化、农业现代化的方向靠拢，有效地避开乡村振兴战略中出现的短板问题，加快城乡之间的流动，明确乡村振兴战略的职责和分工，加快形成工人和农民之间的互补性，为乡村振兴战略的共同繁荣而努力，化解乡村振兴战略中的突出问题和矛盾，形成城市和乡村之间发展的新局面。

（1）建立和健全城乡融合发展政策体系。大力发挥市场作用和政府作用，全面建成城乡融合的政策体系，比如建立城乡一体化格局，加大改革力度和统筹措施，为城乡之间的发展提供良好的条件，按照城市中的公共服务和基础建设的目标，不断向农村地区延伸，建设中心镇和中心村以及产业园区的农村基础性设施。

（2）充分发挥乡村振兴战略的导向作用。依据不同乡村振兴战略规划，加强各项技术的管理和连接，通过对重大工程的部署和计划，加快农村建设的步伐，注重和统筹生产及生活空间的向导作用，引领乡村振兴战略的发展。

（3）抓好乡村振兴干部队伍建设。着力建设一支政治过硬、本领过硬、作风过硬的乡村振兴干部队伍，通过选派"第一书记"等方式选派优秀干部到乡村振兴战略的大舞台施展才能，充分发挥好榜样引领示范作用。

（4）建立完善职业教育培训体系，提高新时期农民对乡村振兴战略的认识，加大培训力度，支持农民自主创业，强化人才实训建设保障工作，健全农村地区人力资源的利用体制，加强农村的产业链建设，让城市企业带领农村企业，实现城乡之间的有机结合，将产业体系列为重点工程，努力营造产业融合的局面，推进城乡融合的一体化建设工作。

（二）乡村振兴战略机制的完善路径

1. 加强顶层设计强化机制保障

新时代，全面实施乡村振兴战略的深度、广度、难度不亚于脱贫攻坚，必须加强顶层设计，以更有力的举措、汇聚更强大的力量来推进。加强乡村振兴顶层设计就要求我们必须注重顶层设计的目标性、规划性、引领性、科学性以及评价性等指标，以完善的顶层设计制度体系引领新时代乡村的全面振兴。

（1）优化分类分域振兴目标体系。目标是对未来一段时期内的规划和安排，是对战略规划达成效果的主观预期。科学的乡村振兴战略目标具有方向性、实践性和指引性的作用。预计到 2035 年，乡村振兴取得决定性进展，基本实现农业和农村现代化；预计到 2050 年，乡村将全面振兴，实现农业强，农村美，农民富。进入新阶段，乡村振兴又会呈现出新的特征。因此，必须对发展目标进行更加细致的优化，才能助推新时代的乡村发展行稳致远。

第一，优化分类目标体系。推动乡村发展振兴绝不能只关注到一个层面，相反必须立足全面、着眼政治、经济、文化、社会、生态等方方面面，构建完善的乡村发展目标规划。

第二，根据乡村原有功能定位，对乡村进行合理分类。按照资源禀赋、乡村特色以及发展规划，合理确定乡村发展目标以及发展举措，坚持保护与开发并举，对保护型乡村进行重点保护，对开发型乡村进行合理开发，对拆迁撤并型乡村进行有效复垦和特色开发相融合，不断因地制宜，提高各类乡村发展规划的衔接性和目标的针对性。

第三，优化分域目标体系。我国地大物博，幅员辽阔，南北东西差异较大，决定了我国推进乡村振兴，必须依据各地区各地域发展的实际，进一步优化区域目标体系。宏观上，东北地区具有广袤的平原优势和黑土地资源，可着力推进平原优势农业发展；西北地区利用光照温差优势推进特色瓜果生产；西南地区利用高山生态优势发展特色茶叶采摘以及酿酒生产；东南地区利用沿海优势培育壮大海产养殖等；中观上，城郊乡村、偏远农村依据各自不同的区位优势，推进城郊产业和绿色农业发展；微观上，合理布局规划乡村内部发展，完善乡村各区域生产空间、生活空间以及生态空间的划分，努力打造集约高效的生产空间，宜居宜业的生活空间，山清水秀的生态空间，延续人与自然有机融合的乡村空间关系，完善乡村发展振兴的目标体系。

（2）完善强农富农惠农政策体系。近年来，乡村各方面发展成效显著，农民享受到了实实在在的强农富农惠农政策体系带来的红利。现如今，强农富农惠农政策体系不仅是一项有力的惠民举措，更是一项暖心的民心工程。在扎实推进实现农业农村现代化的过程中，一方面要继续完善各类强农富农惠农政策举措，另一方面要加强政策的宣传和监督，从根本上保障强农富农惠农政策的落地落实。

第一，完善强农富农惠农政策内容体系。推进强农富农惠农能否取得良好的实施效果，首先要看有无充裕完善的惠农内容。近年来，随着国家各类强农富农惠农政策的相继出台，可以说强农富农惠农政策体系基本涵盖了农村基础设施建设、特色产业发展、农业、卫生、教育、低保等群众生产生活的方方面面，有效促进了农业生产的发展和农民权益的维护。迈向第二个百年新征程，在乡村振兴战略的大背景下，农业生产的主管部门一方面要积极出台和完善各类强农富农惠农政策，另一方面要强化农业科技和装备支撑，不断给予农村发展以政策红利支持。

第二，完善强农富农惠农政策宣传体系。国家惠农政策体系是与广大农民群众生活息息相关的富民政策，其最显著的特点就是直接惠农。如何将国家的惠农政策宣传好、讲解好，切切实实增强广大老百姓的获得感和幸福感则是各类涉农主体所要悉心考虑的问题。惠农政策要求作为农业信息公开的主体部门一方面要努力完善信息公开制度，强化主体责任范围；另一方面要不断畅通公开渠道，加强宣传力度，运用现代化的宣传媒介以及通俗易懂的宣传方式和手段努力将国家的强农富农惠农政策宣传到千家万户，真正使得这些暖心惠民举措成为方便于民、授利于民、造福于民的富民举措。

第三，完善强农富农惠农政策监督体系。国家强农富农惠农政策涉及千家万户，其中的利益联结成千上万，如何有效规避和防止权力滥用是保障强农富农惠农举措取得良好成效的关键。一方面立法部门要制定和完善相关立法，从法律层面给予政策实施以法律保障；另一方面，农业主管部门、新闻舆论工作者以及农业生产者要增强主体责任，加强对公权力运行的监督，防止强农富农惠农政策和资金用作他途，真正从源头和全过程各领域保障强农富农惠农政策的有效实施。

（3）构建乡村振兴战略评价体系。实施乡村振兴战略，深刻把握几千年来城乡演变规律，顺应亿万农民对美好生活的迫切愿望而做出的重大决策部署，是新时代做好"三农"工作的总抓手。新时代，立足新征程，深入实施和推进乡村振兴，不仅需要加强顶层设计，优化分类分域振兴目标体系，完善强农富农惠农政策体系，更需要搭建和构建乡村振兴战略评价体系，对乡村振兴实施进程和效果进行合理且有效的评价，从而为下一阶段乡村振兴目标和规划提供有效的数据支撑。

第一，树立科学评价理念。科学评价理念作为构建乡村振兴战略评价体系的首要任务，对于乡村发展具有重要的价值导向作用。从决战决胜脱贫攻坚到全面推进乡村振兴，从满足人民低水平的物质文化需要到满足人民高质量的美好生活需求，"三农"工作的目标任务发生时与势的转化，与此相应，乡村振兴战略的评价理念也理应顺应时代发展要求发生转变。一方面，要在充分坚持人民至上的基础上，更多地将评价的重点和方向投向人民美好生活需求的满足程度，投向农民群众的获得感、幸福感和安全感的实现程度；另一方面，要明确"以评价促发展"的功能定位，坚持评价导向和目标导向相结合，通过评价发现差距和问题，从而获得整改和提高，不断更新理念，寻找差距，促进乡村振兴与发展。

第二，科学划定评价内容。乡村振兴是一个涵盖政治、经济、文化、社会、生态、组织、人才等各方面振兴的系统工程，因此目标任务的多样性决定了评价内容的多样化。在推进评价过程中，一方面要坚持由点到面，多点集合，采用宏观与微观，硬性指标和软性指标相结合的方式系统整体推进；另一方面要尤其注意到各个地区，各个乡村振兴发展的目标差异性，通过科学的层级划分，完善和制定适合本区域、本乡村的评价指标和内容体系。

第三，采用合理评价方式。评价方式的好坏决定评价结果的可信度和有效度，同时受多元评价内容的影响，评价方式也应采用多元化和规范化的手段进行。一方面要坚持国家评估、社会评估和三方评估相结合，内部评价和外部评价齐发力，通过多元评价的手段方式增加评价结果的公信力；另一方面要坚持在合理有序的评价流程操作下，充分采用现代化科技手段对乡村振兴战略评价的内容与指标体系进行可视化分析和战略性评价，在坚持人工定量与定性研究的基础上，不断完善对乡村振兴战略效果的结果评估。

第四，健全完善评价机制。健全完善评价机制是确保评价结果合理性和科学性的重要方面。乡村振兴战略评价结果的公正科学与否很大程度上与评价保障机制是否完善息息相关。因此，在推进和构建乡村振兴战略评价体系过程中，一方面要建立健全完善相应的法律法规体制，通过系统完善的法律法规体制不断明晰评价主体的权责范围，增强评价结果的客观性和合法性；另一方面要建立完善相应的全过程评价监督机制，切实确保每一位评价主体、每一项评价内容、每一个评价指标和评价方式有章可循，从而实现评价结果的科学性和合理性，助推乡村全面和全方位振兴与发展。

2. 构建"三农"发展新格局

农业农村农民是实现"三农"振兴崛起的三个核心要素。在推动实现乡村振兴崛起的过程中，一方面要加强顶层设计，强化机制保障；另一方面要立足农业农村农民，构建"三农"发展新格局。

（1）加快农业现代化步伐。农业现代化是农业未来发展的趋势和方向。加快农业现代化发展不仅事关"三农"的振兴崛起，更事关中国人民的饭碗和口粮。农业的出路在现代化，农业现代化是国家现代化的基础。要加快建设农业强国，确保中国人的饭碗牢牢端在自己手上。新时代，推动乡村振兴崛起，必须加快促进农业现代化发展步伐。

第一，加快促进农业产业化。农业产业化是农业现代化的重要体现和主要内容，是农业现代化发展的方向。要推动农业产业化发展，就必须以市场为导向，以经济效益为核心，以主导产业和产品为重点，对各种生产要素进行优化组合。

第二，加快促进农业数字化。农业是国之根本，数字化农业是现代农业发展的重要增长极。促进现代农业数字化发展，就必须以数字技术为基点，加快推进数字农业技术平台建设，促进数字技术在农业生产、流通、运营以及销售等各环节的融合和利用。要将数字和信息作为重要的农业生产要素，善于利用现代信息技术对农业对象、环境和气候进行全过程可视化表达、数字化设计、信息化管理、动态化监测，从而从根本上提高现代农业发展的精准化和数字化水平，提高农产品生产的品质和发展的质量效益。

第三，加快促进农业科技化。农业的出路在现代化，农业现代化关键在科技进步和创新，要舍得下气力、增投入，注重创新机制、激发活力，真正让农业插上科技的翅膀。推动农业科技化发展，就必须首先强化农业科技和装备支撑，为农业发展提供优良的生产和运行设备，要通过深入开展种源等核心技术攻关，坚决打好核心种业科技战，为农业发展提供优良的品种和种源。优化农业科技布局，培育现代科技创新主体，构建以市场为导向，企业、高校、科研院所协同发展的服务现代科技农业的产学研合作体系。完善建立适应现代农业科技规律的保障机制，通过改革科技体制和激发创新动能，不断营造良好的农业科技发展新业态。

第四，加快促进农业生态化。农业生态化是现代农业发展的重要特征，也是未来农业发展的重要方向。推动农业生态化发展，就必须首先坚持绿色化导向，构建天然有机的农业生产和销售体系，推动农产品在生产、加工、销售等各个环节始终无污染，天然有机绿色有保障。因地制宜推动立体循环农业发展，通过减少农药和化肥的使用量，提高畜禽粪污的使用效率、培育新型绿色农业经营主体和建设高标准生态农场等举措，逐渐实现农业绿色品质化发展。积极探索和建立绿色生态农产品的价值实现机制和绿色农业发展的监管约束机制，不断在法律与制度层面给予生态农业长期可持续发展的体制机制保障。

（2）全面推进农村振兴崛起。推进农村振兴崛起是全面实现"三农"现代化的本质要求。新时代，全面推进农村振兴崛起，必须加快构建以新型城镇化为主要导向的农村振兴发展模式。通过完善乡村基础设施和文化"软实力"支撑，不断推动乡村生产发展、生活富裕、生态美丽。

第一，坚持以人为核心。人是生产力中最为活跃且最为重要的因素，承担着全面推进农村振兴崛起以及新型城镇化发展过程中建设主体的作用，构建以人为核心的新型城镇化就必须牢牢抓住"人"这个生产力发展过程中最为重要的建设主体，坚持人人共建乡村、人人共享乡村。

第二，坚持以县城为依托。县城作为城乡融合发展的一个重要支点，在产业集聚、乡村建设、公共服务、人才支撑、资金保障等领域拥有多方面的优势，以县城为依托，加快县域经济对周边乡村的辐射带动作用，能够更好地实现城乡资源要素的互补，加速资源要素的双向流动和自由流通，从而在利益调节方面实现创新，激活城乡之间的资源要素，形成城乡发展能力共享的局面，实现城乡共同发展和农村全方位振兴崛起。

第三，坚持以高质量发展为统揽。高质量发展是目前我国经济发展的重要特征。我国经济发展已由高速增长阶段转为高质量发展阶段，加快推进农村振兴崛起，实现新型城镇化，必须以高质量发展统领全局，巩固好脱贫攻坚现有成果，努力打造宜居、宜业、宜商、宜游的新型化城镇，不断提升城镇经济的发展活力和城镇生活品质。

第四，坚持以打造三大空间为关键。乡村是集生产空间、生活空间和生态空间于一体的集成体。全面推进农村振兴崛起，必须加快构建农村三大空间，从培育打造富民生产空间到改善提升宜居生活空间，再到致力于构建美丽生态空间，不断助推和提升农村发展的硬实力支撑和软实力保障。

第五，坚持以数字化乡村建设为重点。数字化治理和平台经济已经成为未来乡村发展的一个重要趋势，推进以数字化乡村建设为重点，就必须充分发挥数字产业的优势，把数字作为新的生产力要素，贯穿推进农村振兴崛起和新型城镇化建设与发展的始终。

第六，坚持以全方位党建为引领。全方位党建引领是做好各方面工作的保障，更是全面推进农村振兴和崛起不可或缺的重要内容。只有强化以党建为引领和保障的新型城镇化，才能实现"三治合一"①的良好局面，更好地助推农村的全面振兴与崛起。

（3）培育打造新型职业农民。新型职业农民是未来农村建设和产业发展的生力军。农业农村人才是强农兴农的根本，要加强农业科技人才队伍建设，重点是提升基层农技推广人员素质，加强新型职业农民培训，着力培育一大批种田能手、农机作业能手、科技带头人、农业营销人才、农业经营人才等新型职业农民。如此，不仅有利于完善我国现代化农业农村发展的人才支撑，更有利于为实现乡村全面长远振兴崛起提供后劲保障。

第一，明晰培育新型职业农民的战略意义，营造良好的培育新型职业农民的社会氛围。迈向第二个百年新征程，农业作为国民经济发展的基础性产业，其地位需要更加突出，作为农业生产主体的农民需要得到更加充分的尊重，其农业生产的职业技能也需要适应农业现代化的发展要求而不断获得完善和提升。与此同时，伴随着国际国内环境和形势的深刻变化，我国粮食安全面临着前所未有的挑战，为了进一步夯实农业生产根基，确保

---

① "三治"是指自治、法治、德治。

中国人的饭碗和口粮牢牢端在中国自己人手上，也要求我们必须在全社会形成尊重农民、热爱农民、崇尚农民的良好社会氛围，构建起农民高度满意、社会高度认可的农业生产环境，不断培育和壮大新型职业农民群体，为确保国家粮食生产安全和实现农业现代化的发展目标提供可靠的人才支撑。

第二，健全优化培育新型职业农民的目标路径。健全优化培育新型职业农民必须着眼乡村振兴战略需求，立足农业农村现代化发展的现实实际，从强化培育主体，细化培育内容，优化培育方式等多个方面深化和拓宽新型职业农民的培育路径。

第三，完善制定培育新型职业农民的制度机制。完善制定培育新型职业农民的制度机制是保障新时代农业现代化发展，打造具有现代农业眼光专业技术人才的关键。新时代，培育新型职业农民，必须进一步完善相应的机制保障政策，通过深化土地制度改革、加大对新型职业农民群体的生活补助和社会关爱以及完善相应的财政支农惠农资金补助，不断构建起系统完善的新型职业农民奖励机制和政策体系，通过各方面的强农富农惠农政策举措使得乡村振兴发展的新型职业农民群体队伍不断扩大，技术掌握水平不断提高，农业实践能力不断增强，真正使得乡村成为留得住人，培养好人的农业现代化发展活力场所，更好地助推农业农村现代化的实现和乡村社会的全面振兴。

3. 把握关键，实现乡村高质量发展

实施乡村振兴战略，必须抓住"人、地、钱"三个关键环节，破除一切不合时宜的体制机制障碍，推动城乡要素合理且自由流动。要通过加快乡村振兴专业人才引进，深化农村土地制度改革以及拓宽乡村振兴资金来源进路等举措，不断实现乡村内涵提升。

（1）加快乡村振兴专业人才引进。乡村振兴专业人才，是实现乡村振兴战略的动力。人才振兴是乡村振兴战略的基础，要创新乡村人才工作体制机制，充分激发乡村现有人才活力，把更多城市人才引向乡村创新创业。推动乡村发展，必须加快引进一批具有现代化发展眼光和专业技术支撑的人才。人们必须从完善相应机制出发，努力加快乡村振兴各方面专业人才引进，使得乡村成为真正留得住人，锻炼成长与发展人的一线基地。

第一，完善乡村振兴专业人才引才机制。引才是实现乡村全面振兴的突破口，乡村振兴是一个涵盖产业兴旺、生态宜居、乡风文明、治理有效和生活富裕的系统工程，因此工程系统的庞大性和复杂性就决定了乡村振兴需要不同类型、专业、层次的人才提供支撑。①立足发现乡土人才、培养乡土人才、扶持乡土人才，加快引进一批集乡村经济管理、专业技术指导和科学文化普及的乡村产业发展人才和文化事业人才；②加快引进一批集乡村生态环境治理、基础教育发展和医疗卫生提升的乡村社会治理人才和公共基础人才，通过各类专业人才的引进，为乡村全面振兴提供可靠的人才支撑。

第二，完善乡村振兴专业人才动员机制。有效动员是乡村振兴专业人才引进的关键，解决的是如何引才和怎样引才的问题。为了有效推进乡村振兴专业人才的引进和乡村专业人才的发展，有必要从经济利益、社会价值以及精神感召三方面对乡村专业人才进行有效动员。①赋予乡村专业人才更大的资金支持和政策保障。②帮助新一代青年树立科学的世界观、人生观、价值观，尤其发挥对新一代大学生的社会价值观引导和培育，增强他们投身农村，建功新时代的责任与使命。③培育广泛的乡土社会关系网络和人情网络，发挥"浓浓乡情和悠悠乡愁"的优势，吸引在外优秀乡土人士和大学生返乡创业与发展，为最终推动乡村全面振兴贡献力量。

第三，完善乡村振兴专业人才保障机制。完善乡村振兴专业人才保障机制是乡村振兴专业人才引进的重要一环，解决的是人才引进来如何留得住的问题。为了能更好地留住人才，国家、地方政府和乡村要努力健全和优化相关配套基础设施，努力给予乡村振兴专业人才优质的生活和工作环境。在生活方面，给予乡村振兴专业人才生活补贴和各类生活补助；在工作方面，尽量配齐相关软硬件基础设施，努力为乡村振兴专业人才工作的开展提供优良的生活环境和工作环境。此外，充分发挥乡村生态资源的比较优势，让投身于乡村振兴战略的专业人才切身体会到乡村振兴发展所带来的环境福利，从而更加热情且积极地投身新时代的乡村振兴建设。

第四，完善乡村振兴战略专业人才晋升机制。完善乡村振兴战略专业人才晋升机制是乡村振兴专业人才引进的必要举措，解决的是人才引进来如何发展得好的问题。为了有效解决留不住等问题，除完善相关引才机制、动员机制和保障机制外，还必须健全人才晋升机制和奖励机制，通过人才晋升机制让投身于乡村振兴战略的专业人才看到未来工作发展的光明前景，通过奖励机制不断激发乡村振兴专业人才投身乡村振兴建设以及干事创业的激情与活力。

（2）深化农村土地制度改革创新。深化农村土地制度改革，是实现乡村振兴战略的关键。凡是能很好解决和有效处理农民与土地关系的时期，都实现了农村经济的稳定与繁荣发展。新时代，是一个各方面利益与矛盾挑战交织并存的时代。在新时代，乡村"土地—农民"关系面临更加复杂和烦琐的利益纠葛，必须下大力气深化农村土地制度改革，理顺其中的利益关系，从而推动乡村的全面振兴和全方位发展。

第一，深化农村土地征收制度改革。随着工业化、城市化的迅速推进以及乡村建设的迅速发展，农村一些土地不得不被纳入征收开发的范围。但与此同时，受原有土地征收制度缺陷影响，一些地方仍然存在随意征占土地、程序不合规等突出现象，严重侵害农民合法权益。为此，国家从2015年开始就开展了征地制度改革试点工作。时至今日，适应新时代乡村振兴发展新要求，必须进一步深化农村土地征收制度改革。①完善相关法律法规，从法治层面给予农村土地征收法律规范，减少应征地使用范围，重点保障公共事业用地和乡村基础设施建设用地。②完善土地征收补偿机制，设立被征地使用价格补偿标准，努力规范和确保土地使用和征收价格在合理区间。③切实维护被征地农民合法权益，保障其收获合法且合规的被征地补偿标准，健全完善其在被征地使用过程中的知情权、参与权和监督权等各项合法权利。

第二，深化集体经营性建设用地入市改革。深化集体经营性建设用地入市改革作为新时代推进农村土地制度改革的三项举措之一，有利于切实推动和加快城乡要素之间的合理流动，促进乡村社会的全面振兴。①加快集体经营性建设用地确权登记，明确产权归属；②在明确产权归属的基础上，坚持取之于民、用之于民，完善集体经营性建设用地收益分配机制；③推动和完善对集体经营性建设用地入市的监管和监督，切实维护优良的城乡统一建设用地市场环境，促进乡村社会土地市场的健康发展。

第三，深化宅基地制度改革。宅基地制度改革事关乡村建设用地的合理利用，事关乡村的全面振兴。推动乡村全面振兴，必须进一步深化农村宅基地制度改革。①明晰底线，坚持一户一宅，规范宅基地使用范围，严格限制城市居民到农村购买宅基地建设大型庭院或私人会所；②进一步探索和完善农村宅基地流转退出机制，推动放宽和盘活宅基地使用权限；③就地取材、变废为宝，增强老旧荒芜、废弃宅基地的使用效率，结合发展乡村旅游，推动乡村全面振兴。

（3）拓宽乡村振兴资金来源进路。拓宽乡村振兴资金来源进路是实现乡村振兴战略的重要保证。健全投入保障制度，创新投融资机制，加快形成财政优先保障、金融重点倾斜，社会积极参与的多元投入格局，确保投入力度不断增强、总量持续增加。这些举措实则已经为拓宽乡村振兴资金来源进路提供了重要的思路借鉴。新时代，新征程，立足第二个百年奋斗目标的新起点，乡村振兴需要更大的资金投入和保障，必须下大力气进一步拓宽乡村振兴资金来源，弥补乡村振兴资金缺口。

第一，增加财政资金专项投入。财政资金专项投入是实现乡村振兴战略的可靠保障。当前我国乡村振兴很大一部分资金来源依然依靠国家财政资金专项投入，这不仅有效保障了乡村振兴战略的实施，也极大降低了乡村建设过程中所面临的各种风险。新时代，推动乡村全面发展，必须进一步强化国家财政资金专项投入，增强乡村振兴战略的安全保障。①设立国家财政专项保障资金，进一步拓宽乡村振兴财政资金来源，增加财政资金投入比重；②健全完善乡村振兴资金工作保障机制，创新财政资金投入方式，增强财政资金投放的精准度和高效性；③加强对每一笔财政专项资金的监管，切实保障乡村振兴专项资金的合理规范使用。

第二，深化农村金融体制改革。深化农村金融体制改革是拓宽乡村振兴资金来源进路的关键举措。坚持农村金融体制改革发展的正确方向，健全适合农业农村特点的农村金融体系，推动农村金融回归本源，把金融资源配置到农村经济社会发展的关键领域和薄弱环节，更好地满足乡村振兴多样化的金融需求。为此，推进新时代的乡村振兴，除传统的财政资金专项投入外，还必须引入信贷、证券、保险、期货等现代金融工具。①完善银行信贷服务，为农民提供可靠、安全的银行信贷资金支持；②深化农村证券市场改革，设立乡村振兴专项证券，拓宽乡村振兴资金来源进路；③推动乡村保险行业扩面、提质、增品，稳步扩大"保险+期货"试点改革，探索建立"订单农业+保险+期货"试点机制，完善推动各类乡村振兴资金投入，加快有效资本流通，从根本上解决乡村振兴发展过程中的资金缺口问题，推动乡村全面振兴。

第三，积极开展与社会民间资本合作。社会民间资本是乡村振兴资金的重要来源。近年来，伴随着农村产业结构调整，农村经济呈现出经营主体多元化、产业发展多元化新格局，许多社会资本到农村投资兴业，成为我国农业农村经济发展的新动能。在推动乡村振兴战略的新起点上，适应新时代乡村振兴发展新特征，要想方设法利用社会资本，让社会资本在促进农村教育事业、卫生事业发展、引导社会资金投入农村基础设施和产业建设方面发挥重要作用，全面提升农村经济发展活力，助力乡村振兴战略实施。

第四，尽力拓展本地内生资金兴旺。本地内生资金是乡村振兴战略的根本动力。推动乡村长远发展，根本还要依靠本地内生资金带动。推动乡村全面振兴，要积极探索和培育本地内生资金，挖掘乡村原有优势资源，推动实现资源变资产，资金变股金，农民变股东，实现农业增效、农民增收和生态增值。要通过积极培育和激活乡村自然资源、存量资产、人力资本，实现乡村自然资本的最大增值，拓宽乡村振兴资金的来源进路，为乡村全面振兴提供可靠资金保障。

（三）资本参与乡村振兴战略机制

1. 社会资本参与乡村振兴战略机制

社会资本的参与有利于形成多元化投资格局，乡村振兴战略的全面推进需要社会资本，同时乡村振兴也能为社会资本提供广阔的发展市场。

乡村振兴急需社会资本的支持，为社会资本提供广阔市场空间。引导鼓励民营企业、社会资本进军第一产业，可以为民营企业发展找到新突破口，盘活大量闲置资本。社会资本具有逐利性、灵活性、效率性等属性，在专业性和效率性方面具有天然的优势，其流入农村将带动人才、科技、信息、管理等先进生产要素的集聚。社会资本的参与可以缓解财政资金压力，有效促进政府职能转变，更好地发挥政府在乡村振兴战略中的作用。

社会资本参与乡村振兴战略机制的完善路径如下：

（1）深化"放管服"改革，提升政务服务水平。

第一，提升思想认识，强化服务意识。深刻认识社会资本所扮演的不可或缺的重要角色，对待社会资本要重视、信任、包容。

第二，营造良好的政务环境，提升社会资本运营的便利化。突出政务服务的信息化、便利化，提升行政效能，规范行政执法。

第三，加大政策支持力度，扎实推动政策落地见效，保证政策执行的持续、稳定，努力营造良好的政策环境。

第四，着重帮助社会资本解决经营困难。加强财税、金融等方面的扶持力度，缓解社会资本经营压力，改善社会资本融资环境。

（2）加强"三农"自身建设，补齐农业农村发展短板。①以农业供给侧结构改革为主线，促进农业高质量发展。加快转变农业生产、经营方式，推进集约、高效、绿色农业发展，打造农业全产业链条。②加快农业农村基础设施建设步伐，建立完善的乡村振兴战略的基础设施支撑体系。③实施乡村人才战略，强化农业农村发展人才支撑。加快促进新型经营主体的发展，带动农业农村市场的发展壮大，促进返乡创业，吸引各类人才扎根农村。④加强农业农村市场建设，建立规范、有序、诚信、法治的市场环境，维护市场主体的合法权益。

（3）以PPP模式为导向，创新多元投资路径。积极借鉴PPP模式的成功经验，探索风险共担、合作共赢、市场化运作的"PPP+"模式。①做好项目谋划，细分各类项目合作机制。依据项目特点，灵活借鉴PPP模式中的BOT、ROT、TOT、BOOT等各类项目合作机制，构建有农业农村项目特色的合作机制体系。②加强试点工作，不断完善合作机制。要对项目运营进行经常性考核测评，发挥试点项目的示范带动作用。③建立多方监督评价机制。要在项目主管部门考核测评的基础上，保障群众监督评价权利。④强化风险管理，防范化解各类风险，建立权责对等、风险共担的合作伙伴关系。

（4）完善"三权分置"机制，畅通土地经营权流转。①加快完善土地流转的具体实施细则和操作规范，推动乡村土地流转的规范化。②不断创新土地流转方式。探索建立土地流转平台，创新土地经营权入股、抵押等经营权转移方式。③完善土地流转相关配套制度，保障农户权益。构建土地流转工作监督机制，鼓励民众对土地流转、土地使用等进行监督，并成立相关的专业管理和服务部门，提升土地流转专业化程度。完善农村保障制度和公共服务机制，扭转农户过分看重土地保障作用的传统观念。

（5）提升乡村法治环境，保障经营主体权益。

第一，加快完善农业农村发展的各项法律法规。不断完善在产权交易、利益联结、市场准入、投资融资、生态环境、基层治理、监督监管等重点领域的法律法规，加快体系化建设，实现覆盖无死角。

第二，加强农业农村法律人才队伍建设。通过培养基层法律工作者、人民调解员、法律志愿者等积极参与，完善乡村法律服务体系，推进乡村法治建设。

第三，坚决依法惩处非法行为，净化社会资本参与乡村振兴战略的市场环境，依法约束社会资本经营行为，维护农民的切身利益。

2. 民间资本参与乡村振兴战略机制

民间资本，又称"社会资本"或"非政府资本"，是一个国家或区域中由民营企业和公民所拥有或掌握的实物资本、人力资本和关系资本的总和。创新乡村振兴战略的资金来源，盘活闲置民间资本，建立一个稳定可靠的资金筹集投入运行机制，增强资金来源的稳定性和持续性。

（1）民间资本参与乡村振兴战略的可能性和现实性。民间资本融资是民间资金的拥有者实施投资后形成的资本，通常以居民储蓄存款和流动性金融资产两种形式进行供给，但后者的供给能力非常有限，可不予重点关注。民间资本融资特点与乡村振兴战略需求相匹配，乡村振兴战略线长、资金需求总量大，但其不少项目小而散，吸引力强，适合小股资金灵活投放，投资基础性项目后短期内产生较高的经济效益，推动民间资本以较快的速度进行周转，具有较低的经济风险和较为稳定的投资回报率，投资效益具有明显的排他性。

（2）民间资本参与乡村振兴战略的必要性。

第一，乡村振兴战略规模日趋扩大。实施乡村振兴战略，就要推动农业农村优先发展，实现产业兴旺、生态宜居、乡风文明、治理有效、生活富裕，全面推进产业振兴、生态振兴、文化振兴、人才振兴和组织振兴，促进城乡融合，搞好经济建设、政治建设、文化建设、社会建设、生态文明建设和党的建设，工程庞大、规模巨大、任务艰巨、责无旁贷。

第二，资本市场需要进一步优化营商环境，整顿和规范金融秩序，创新金融产品。

第三，乡村振兴战略缺乏民间资本的参与和支持。乡村振兴战略起步后，民间资本参与乡村振兴，能够提高投资效率，实现保值增值，增加民众收入，缓解资金缺口，摆脱融资困境，优化资源配置，引入竞争机制，增加有效供给、改善公共服务、降低服务、产品和要素的价格，带动政府职能转变和资本市场优化，推进乡村振兴提高国民经济的市场化程度。

（3）构建民间资本参与乡村振兴战略的政策机制。

第一，转变政府职能，提高服务水平。运用各种方式、通过各种途径吸引民间资本参与乡村振兴。政府要顺应时代发展的潮流和历史前进的方向，重视民间资本、信任民间资本、善待民间资本，将民间资本置于"国民待遇"的地位，用开放的态度和包容的思维引导和规范民间资本，把经济效益比较好的项目提供给民营企业，提高投资预期收益，改善乡村振兴投资回报率，为民间资本参与乡村振兴提供各种有利条件。

政府要端正态度，转变角色，从责任主体转变为政策激励主体。①建立健全民间资本的担保机构，为民间资本进入乡村振兴领域创造安全、便捷和良好的融资渠道。②努力改善民间资本的投融资环境，拓宽民间资本投资和融资渠道。鼓励商业银行和民营银行等中小金融机构为民间资本参与乡村振兴提供品种多样的金融服务，为民间资本的投资主体提供再贷款和再贴现等比较优惠的货币政策。

第二，促进产业融合，打造投资前景。加强生态人居建设、生态环境提升、生态经济推进以及生态文化培育，将乡村旅游资源开发与乡村振兴同规划、同部署，彰显农耕文化，展示风土乡情，推进城乡融合。坚持以科技引领，文化支撑，因势利导，提升乡村振兴和旅游开发的文化软实力、科技硬实力，将分散的文化元素转化为休闲娱乐产品，贯穿于乡村建设和旅游活动的全程，打造自然与人文和谐发展的格局。

促进乡村振兴与其他相关产业的融合。①充分利用农业资源培育主导产业，变传统耕种农业为高附加值的现代农业、观光农业发展，带动休闲乡村经济发展。②进行资源整合。整合文化资源，提升文化品牌，融合资金、土地资源，建设大型文化园区和重要文化基础设施，培育文化产业龙头企业，构建特色鲜明、多点支撑的文化产业体系，培育新的经济增长点。③推进乡村旅游与文化产业、体育产业、影视产业、生态农业、轻加工业、房地产业等行业的最佳结合。乡村振兴只有同乡村旅游结合起来，与其他产业融合发展，才能具备可持续发展的产业支撑，使民间资本看到希望，发现商机，增强信心，得到回报。

第三，优化政策环境，减轻民企负担。①提高民营企业地位，培育公平竞争环境。政府要高度重视民间资本的活力，使其享有与国有企业同等的政策和服务优惠，必要时可单独为民营企业开绿灯，制定特殊政策，保证民营企业拥有一个公平竞争的营商环境。②减轻民间投资主体的税费负担，优化融资环境。适当降低涉及乡村振兴行业的税率，扩展享受减半征收所得税优惠政策的小微企业范围，扩大物流企业仓储用地税收优惠范围，实施企业重组土地增值税、契税等到期优惠政策。大幅降低企业非税负担，进一步清理规范行政事业性收费，调低部分政府性基金征收标准。降低电网环节收费和输配电价格，加大中介服务收费清理整顿力度，严格控制审批收费项目。

第四，精心打造平台，建立征信体系。设立和构建新型的小微金融机构、小额贷款公司、投资公司、村镇银行和信用担保公司等民间资本运作机构。建立民间资本投资信用档案，详细记录投资主体、相关机构和企业的信用活动。

注重发挥行业协会的作用，鼓励和支持各行业对自己行业以及相关企业和机构的信用状况进行详细的汇总，输入国家征信体系之中，实现信息共享，提高民间资本发展运营情况的透明度，有效降低逆向选择和道德风险的发生。

第五，完善法律法规，提高规范水平。建立民间资本来源合法性审查制度，尽快确立民间资本的合法地位，对民间资本进入资本市场的数额、收益率、资产流动比例和业务范围等设置一定的上下限阈值，作出明确的规定。

建立健全有效的监管制度和措施，完善民间资本风险防范系统。建立专门监管机构，对民间资本的投融资行为进行国家风险评估，紧密跟踪民间资本运行的情况，准确掌握民间资本运行的信息。

完善民间资本的投融资法律体系，结合实际情况制定民间资本投资法、民间借贷法以及民间融资中介机构和中介业务管理办法等法律法规，准确定义民间资本的投资行为，明确民间资本投融资的边界和范围，赋予民间资本的投资行为合法性，严格区分合法投资、借贷，以法律形式明确民间资本的投资方向。

第四章 乡村振兴战略下的产业有效发展

第一节 乡村振兴战略下的农产品产业发展

一、乡村振兴战略对农产品的影响

第一，乡村振兴战略的实施加速农产品生产方式的现代化和智能化。农业科技的引入和推广，使农民能够更加高效地生产农产品。例如，农业机械化和自动化技术的应用，使种植和收获过程更加便捷和高效。农业生产者还受益于新技术的支持，如遥感技术、物联网和大数据分析，以优化农田管理和农产品销售。这一系列措施提高了农产品的质量和产量，从而有助于提高农民的收入水平。

第二，乡村振兴战略促进农产品的精深加工和产业链延伸。从传统意义上来说，农村地区主要以原材料供应为主，农产品的附加值较低。然而，随着农村振兴战略的推进，政府鼓励和支持了农产品加工业的发展。农产品加工业的发展不仅丰富了农产品的品类，还创造了更多就业机会。同时，产业链的延伸也有助于减少农产品销售环节中的浪费和损耗，提高了农产品的附加值。

第三，乡村振兴战略加强农村基础设施建设，改善农产品的物流和销售条件。在过去，由于交通不便和基础设施不足，许多农产品难以及时送达市场，导致了大量的损耗和浪费。然而，随着道路、铁路、港口等基础设施的改善，农产品的运输变得更加便捷，降低了物流成本，使农产品更容易流通到城市和国际市场。这不仅有利于农民增加销售渠道，还有助于提高农产品的市场竞争力。

二、乡村振兴战略下的滨州蔬菜产业发展

蔬菜作为农民收入的主要来源之一，蔬菜产业的发展壮大能够助力乡村振兴。滨州市地处黄河三角洲腹地，为典型的农业大市，蔬菜产业是农民创收的重点产业之一，是京津

冀和粤港澳的主要蔬菜供应基地之一。

乡村振兴战略下的滨州蔬菜产业发展策略如下：

第一，科学制定蔬菜产业发展规划。结合各县区的自然资源条件，因地制宜，按照相对集中连片、规模化发展、整体推进的原则，科学编制蔬菜产业发展规划，避免发展的盲目性和随意性。以现有蔬菜生产基地为依托、以蔬菜生产重点乡镇、村为重点，优化蔬菜产业布局，充分发挥蔬菜生产区域优势，推动蔬菜生产专业化、标准化、规模化发展，打造一批蔬菜优势特色乡镇、村。

第二，加大对蔬菜产业扶持力度。充分利用国家、省级财政在蔬菜产业发展上的项目资金，以财政资金为杠杆，撬动社会资金，吸引社会资金进入蔬菜产业，参与蔬菜生产、流通、销售及基础设施建设。重点对新型经营主体参与蔬菜产业发展进行扶持，通过设立专项发展资金、加大信贷支持力度、降低贷款申请门槛、扩大产业保险和农机具补贴范围、设立蔬菜价格风险补偿机制及蔬菜生产奖励制度等，保障蔬菜产业稳定、持续发展。以龙头企业、合作社、家庭农场等新型经营主体为载体，变分散经营为规模经营，实现蔬菜生产的规模效益。

第三，加强与科研单位合作。围绕滨州市蔬菜产业特色，加强与农业院校和科研院所的联系，通过人才引进、基地共建等方式为蔬菜产业高质量发展提供人才支撑。鼓励、引导农业院校、科研院所、农技推广机构的科技人员，通过技术入股等方式，为生产经营主体提供服务。

第四，加强技术培训。依托各类培训机构，以种植、加工技术和蔬菜营销等为重点，加强从业人员技术培训，提高从业人员的技术水平。

第五，加强技术引进和推广。推广蔬菜病虫害绿色防控技术、轻简化栽培技术，推动蔬菜产业化肥农药减量增效和绿色循环生产。加强蔬菜新品种、新技术、新材料的推广，提高蔬菜产量和品质，提高蔬菜产业效益。

第六，推进全产业链建设。积极推进蔬菜一、二、三产业融合发展，大力发展蔬菜产地初加工，重点扶持蔬菜储藏、保鲜、烘干、分类分级包装和运输等初加工产业建设，加强产后处理。通过产业联合体、专业协会、蔬菜经纪人、经销商等生产和流通主体，把"产"和"销"连接起来，推动线下与线上有效结合，按照"利益共享，风险共担"原则，积极协调各经营主体，按照企业化运作的方式，推动产前、产中、产后一体化发展，逐渐形成蔬菜生产、销售、贮藏、加工为一体的完整产业链，实现蔬菜产业多层次、多环节转化增值，尽可能降低季节性、结构性过剩以及自然灾害带来的各种风险。

第七，培育蔬菜品牌，提高竞争力。积极开展蔬菜公用品牌与地理标志品牌注册，鼓励各类蔬菜经营主体创建企业品牌，开展绿色、有机蔬菜产品认证。充分整合各种优势资源，努力创建独具特色的区域品牌。通过电视、广播、报纸等传统媒体和网络等各类新型媒体广泛宣传、展示滨州市蔬菜形象，提高知名度。发挥滨州市交通区位优势、资源优势，加强蔬菜基地和京津冀有关企业的对接和合作，巩固京津冀市场的占有率；进一步提高粤港澳大湾区蔬菜市场占有率。

三、乡村振兴战略下的山东玉米产业绿色发展

玉米作为中国重要经济类作物，为实现乡村振兴绿色发展提供了重要经济基础。山东作为中国粮食主要产地之一，地区土地肥沃，生态环境良好。绿色农业作为促进山东玉米产业绿色发展的主要手段，在中国乡村振兴战略背景下具有以下特征：①综合效益性，就是将经济效益、生态效益和社会效益进行统一，能够进行可持续发展。②体制创新性，绿色农业发展主要是以绿色发展体制为基本保障，在绿色发展理念基础上建立绿色农业发展模式。③科技绿色性，利用先进的科学技术手段作为绿色农业发展的重要支撑，想要全面实现山东玉米绿色发展，先进的技术手段是发展关键。

乡村振兴战略下山东玉米产业绿色发展路径如下：

第一，完善绿色发展基础设施。①不断对耕地进行合理保护与开发，不断进行高标准绿色农田的建设，同时要加强水利设施建设，打造水肥一体化农田，从而保证农业基础设施能够满足山东玉米产业绿色发展需求。②山东玉米产业绿色发展的基础设施建设需要建立在资源可再生的发展理念中，比如在农村地区建立垃圾回收系统等。

第二，建立健全山东玉米产业绿色发展推广机制。应建立完善的山东玉米产业绿色发展推广体制，相关管理人员需要联合农业经营者、政府部门。政府部门需要不断在政策上支持玉米产业绿色发展，种植人员则需要合理利用相关政策不断加大对玉米种植产业的投入，从而让山东玉米产业能够健康持续发展，起到良好的宣传效果，吸引越来越多的人投入其中。

第三，促进农业可持续发展。①想要提升农民综合素质和专业种植技能，就需要管理人员定期对农民开展培训，而培训开始之前，需要先对农民的种植情况和遇到的问题进行充分了解，再有针对性地组织相关培训，帮助农民解决问题的同时提升农民的专业水平和绿色发展理念，从而促进山东玉米产业绿色发展。②管理人员需要充分利用专业合作社带动绿色产业发展，建立标准化的玉米产业绿色发展体系，全面实现乡村振兴。③转变绿色发展模式，对种植技术和农业信息进行全面推广，不断促进农民种植方式和发展方向的转变，构建玉米产业绿色发展体系，促进农业可持续发展。

第四，扩大资金投入。①政府需要充分发挥其宏观调控作用，利用政策优势让更多的社会力量加入绿色发展的建设中来。②需要重视基础设施建设工作，政府重点关注农村的基础设施建设情况，设立专项基金，将基础设施建设作为绿色发展的关键任务。③利用财政资金的引领作用吸引社会各界的力量投入，促进绿色农业的现代化发展。

第五，完善玉米产业绿色发展的相关管理机制。①相关管理者需要不断完善山东玉米产业绿色发展的资源环境监管、农产品质量监管和绿色发展的相关考核机制。②管理人员需要将绿色发展理念转变为相关的法律，将玉米产业绿色发展 GDP 作为后期考核关键，完善农业资源和环境管理的相关制度。③规范农业资源的预警制度，在推动玉米产业绿色发展过程中需要时刻关注农业资源的使用情况，在监管过程中如果发现资源破坏或者浪费情况需要及时反映相关问题，并且对相关责任人进行追责，从而保证山东玉米产业绿色发展。④完善农业发展考核评价制度，建立相关的奖惩制度，在年度考核评价中将山东玉米产业绿色发展作为重要的考核指标。

四、乡村振兴战略下的瓜州县枸杞产业发展

甘肃省瓜州县枸杞产业是仅次于该县蜜瓜产业的支柱性产业，对瓜州地区经济发展有重要推动作用。

（一）瓜州县枸杞发展的现状

第一，种植规模不断扩大。瓜州县地处甘肃省西北部，与新疆哈密接壤，气候干燥，降水较少，昼夜温差较大，适宜种植枸杞。瓜州县枸杞产业兴起于 2006 年，瓜州县政府通过各方考量，引进宁夏枸杞开展引种栽培试验，瓜州县枸杞产业已经达到了一定规模。近年来，建成了枸杞绿色高效标准化生产示范基地、枸杞专业乡镇、集中连片示范基地、集中连片标准化生产示范点等。

第二，品牌影响力不断提升，"三品一标"认证不断加强。瓜州县枸杞认证商标分为公共商标和企业自主商标。2012 年，瓜州县林果科技服务中心联合瓜州县海隆生态农业开发有限责任公司共同申报注册"瓜州枸杞"地理商标。2020 年，瓜州枸杞完成中国品牌农产品消费索引申报工作，成功纳入中国品牌农产品甘肃专辑。全县企业商标如：杞峰、陇上红、戈壁宝杞、东霸兔、吉福星、西游神果、正昊泰、玉杞凌、双杞满园等，这些品牌的认证对瓜州县枸杞产业起到了很好的宣传和推动作用。"三品一标"是安全优质的农产品公共品牌，由政府主导认证，分别是指无公害农产品、绿色食品、有机农产品和农产品地理标志。近年来，瓜州县不断加大枸杞产业"三品一标"的认证规模。

第三，枸杞产业经营企业和合作社增多。其中瓜州县立林生态科技开发有限责任公司、瓜州昊泰生物科技有限公司被评为"国家林业重点龙头企业"和"甘肃省农业产业化龙头企业"。瓜州县祥龙枸杞农民专业合作社、瓜州县永顺祥枸杞农民专业合作社积极采取"产业入股、保底分红"的模式，依托已建成的枸杞交易市场为客商提供仓储、二次烘干等基础性服务，吸引宁夏、河北等地客商入驻开展季节性收购，极大地方便了瓜州枸杞外销，有效改变了瓜州枸杞知名度低、无人问津的销售困境。

第四，枸杞销售情况。市场销售情况，全县枸杞销售主要以成品包装直销、色选分级批发、散装统货交易、电商线上销售4种模式为主。枸杞订单销售呈现多点开花、合作共赢的良好发展局面。

第五，枸杞种植成本。瓜州县枸杞大部分已进入盛果期，主要投入成本由田间管理（中耕除草、灌水、施肥、病虫害防治、修剪）、果实采收、制干、加工（企业）等几部分构成。

（二）瓜州县枸杞产业发展的优势

第一，地理区位优势。瓜州县地处甘肃省河西走廊西端，地理纬度适中、气温相对适宜。干燥多风，降水较少，阳光充足，早晚温差较大，接近新疆，其独特的气候条件，不仅对果实发育及氨基酸、维生素的合成，糖分的积累起到了重要的促进作用，也有利于抑制病虫害等有害生物的生长和传播，为枸杞自然晾晒提供了便利，极大地降低了农户制干成本。瓜州干旱少雨，较宁夏产区病虫害少，自然制干条件便利，较青海产区枸杞生长周期长，采摘周期长，采摘茬数多2~3茬，平均亩产提高30%~40%。

第二，规模经营优势。近年来，枸杞产业成为瓜州县的重要支柱产业，有助于促进瓜州县脱贫致富。

第三，果品品质优势。瓜州枸杞粒大籽少质柔润，色泽红润，肉厚味甜，口感纯正。其多糖含量、总糖等多项指标明显高于国内其他枸杞产区。

（三）瓜州县枸杞产业发展的提升对策

乡村振兴战略的提出，给瓜州县枸杞产业发展带来了新的机遇，提供了政策上的支持。推动枸杞发展对于增加农民收入，扶持当地移民贫困人口和推动乡村振兴发展都有积极的推动作用。现基于政策背景和现实问题，对瓜州县枸杞产业发展提出相应的对策和建议：

1. 支持企业与合作社运行

瓜州县政府出台政策扶持龙头企业和合作社的发展，可以借鉴学习其他地区的运行模式，由合作社收购农户鲜果统一制作加工，收购价格稍高于市场价格，最后统一销售。对于农户的生产方面，通过供销合同加以规范，对于达到质量要求的产品，由专门的合作社负责以保底价收购。

龙头企业在枸杞产业发展的整个过程中都发挥着重要作用，建议扶持龙头企业，着力培育一批在基地培育、产品研发、市场营销等方面能起到带头示范作用的龙头企业，逐步转变经营发展模式，发挥好龙头企业和合作社的带头引领作用，促进枸杞产业良好发展。

2. 加强市场监管与技术人才配备

（1）加大对瓜州县枸杞市场的监管力度，对各种违法行为要严厉打击，同时加大对在枸杞生产、采摘、销售等过程中的违法违规行为的查处力度，尤其是针对进入市场的产品质量安全监管。根据相关管理制度规定，引导符合条件的企业、合作社规范使用中国地理标志产品可追溯查询系统，对使用"瓜州枸杞"地理标志的企业数量、产品销售量、产品流向等信息严格登记备案，全面建立枸杞产品质量可追溯体系。

（2）学习借鉴其他地区枸杞的发展经验，尽快建立专门的机构，对市场监管专业技术人才编制进行整合管理，进一步完善专业技术服务和执法管理的队伍，促进其完善工作职能，保障工作经费。全方位做好瓜州县枸杞发展的日常监管工作，加强枸杞绿色标准化生产技术指导服务和质量安全监管。

3. 拓展枸杞销售与品牌宣传

重视对专业的销售队伍的建立，注重拓宽国内国外销售市场，扩大市场份额，尤其重视国内的大中型城市等主要的销售市场；完善市场体系建设，健全整个生产、批发、销售的各个环节，扩大枸杞流通渠道；扶持电商产业发展，积极引进一批有实力、有运营经验的电商公司，同时联系成本较低的物流公司，逐步建立枸杞电商交易平台，积极发挥电子商务的作用，推动枸杞产业品牌建设推广，加强电商人才培养，市场主体培育和整个枸杞产业的优化升级等，推动枸杞电商交易平台建立，提高电商销售在整个产品销售中的比重。

在加强品牌宣传方面，深入挖掘瓜州枸杞的食用药用价值，可邀请知名专家对瓜州枸杞的养生保健功能进行鉴定，并对其作用突出方面进行宣传推广；联合国家品牌网对瓜州枸杞品牌价值进行评估，对知名品牌加强宣传，提升品牌知名度；通过电视、互联网、电子商务平台和微信公众号等各类传播媒体，宣传枸杞养生、枸杞绿色无公害等方面的知识，提升人们对瓜州枸杞的认知，提高瓜州枸杞知名度。

4. 加大枸杞机械化采摘程度

加大枸杞机械化采摘程度，提升机械化采摘技术，缓解旺季用工难的情况，降低人力成本在整个生产成本中所占的比重，推动瓜州县枸杞产业积极发展。同时政府可批量采购枸杞采摘机器，对采摘人员进行职业化培训，还可引进一批会操作、能创新的专业人才，指导当地农民，提高枸杞采摘过程中的机械化程度，推动枸杞产业发展。

5. 提升枸杞品质，增加产品附加值

从瓜州县枸杞产业发展现状来看，需要不断在引进技术、改善品种和科学合理种植等方面改进，不断提高枸杞产业的技术含量和经济效益，提高枸杞品质，促进农民收入。同时，要及时对枸杞产业市场发展情况进行调查，挖掘枸杞相关附加产品，严格把控种植、收购及出售等每一环节的质量管理，以枸杞业健康发展为最终目标，开展质量安全检验工作。

枸杞最常见的功能是食用和药用，但目前市面上枸杞产量饱和，挖掘枸杞产品附加值才能更好地推动枸杞产业发展，增加农民收入。建议紧随市场需求，研发如枸杞食用油、枸杞保健品等高端产品，枸杞糖、枸杞饼、枸杞果酱等食用产品，还可研发枸杞面膜等护肤产品，全面提升枸杞产业附加值，使枸杞全产业链优化升级。

总之，"我国特色农产品产业化发展是大势所趋，全国农村都在全力推进"。① 在乡村振兴战略指导下，树立正确的绿色发展理念，相关管理人员需要认识到农村经济发展和生态环境之间的关系，不断对农业进行相关知识和绿色发展理念的宣传，并且对现有的绿色农业结构进行优化创新，构建农产品产业绿色发展新格局，从而实现农产品产业全面绿色发展。

第二节　乡村振兴战略下的旅游产业发展

一、乡村旅游的特征、要素与重要性

（一）乡村旅游的特征

乡村旅游对旅游者的吸引力主要体现在乡村特有的自然景观和极具特色的人文景观

---

① 张曦文，赵迎红. 乡村振兴背景下特色农产品产业化发展研究——以山西省岢岚县红芸豆为例 [J]. 现代商贸工业，2023，44（19）：13.

上，乡村旅游是以农村地区的美丽风光、自然环境、特色建筑和乡土文化等资源作为依托，不局限于农村休闲观光和农业体验的旅游模式，积极开发会务度假、休闲娱乐等项目而产生的一种新兴旅游方式。相较于其他旅游，乡村旅游展现出的核心竞争力体现如下。

1. 乡土性

乡村以其优美的田园自然风光和特色的传统风俗民情，带给人们不同于城市的生活体验。乡村也有着不同于城市的生活与饮食习惯，能够让那些来自都市的疲惫的游客获得短暂的放松。乡村以其优美惬意的风光和家常温暖的菜肴吸引着人们的到来，并且给人们一个放松和休息的空间。

乡村性是乡村旅游的根本特性，是乡村有别于城市的地方，也是乡村能够从城市地区吸引游客的主要原因。乡村富有特色的传统生活方式、各种农业劳作器具和农村生产体验等，吸引着城市游客的注意力，带给他们旅游的新奇感和愉悦感。人们来到乡村，可以享受乡村的慢生活，品尝乡村烧烤，坐在星空下看星星，充满田园风情的景物中游览，深入乡村、了解乡村，并获得乡村旅游的快乐。

2. 费用低

乡村旅游因其经济实惠的特性吸引了大量中低收入水平的游客，其费用低廉的原因主要有以下方面：

（1）住宿成本较低。乡村地区的住宿选择通常比城市更为经济实惠。游客可以在乡村小屋、民宿、农家乐或露营地等各类住宿场所中选择，这些选择的价格通常较高档酒店为低。

（2）食物价格相对便宜。乡村地区以其新鲜的农产品和美食而闻名，游客通常可以更低的价格享受到当地美食。在当地餐馆或小吃摊上品尝地道的乡村美食，这些食物的价格相对较低，而且味道会令人惊喜。

（3）自由行的选择。乡村旅游通常自由度高，游客可以自主规划旅行路线和活动，不必依赖昂贵的旅游团。这种自由行方式有助于游客更好地掌控旅行预算。

（4）免费或廉价的户外活动。乡村地区提供各种户外活动机会，如徒步旅行、自行车骑行、钓鱼和野营等。许多活动无需额外费用或只需支付较低费用，使游客能够在自然中度过愉快时光，同时减少花销。

（5）文化体验成本较低。乡村地区通常保留了许多传统手工艺传统，游客可以免费或以较低价格参观当地的博物馆、工艺品市场或参与当地的文化庆典。这些体验有助于游客更深入了解当地文化，同时不会给钱包造成太大压力。

（6）无需远距离旅行。乡村地区通常距离城市较近，这意味着游客无需在长途旅行上花费过多时间和金钱。省去了长途飞行或火车票的费用，使游客能够把预算更多地投入到实际旅行体验中。

（7）购物实惠。在乡村地区购物通常比较经济实惠，游客可以购买到当地制作的手工艺品、土特产和纪念品，无需支付高额溢价。

总的来说，乡村旅游的费用低廉是其吸引力之一。这种旅行方式不仅能够让游客度过宁静的时光，还可以在财务上更加灵活，使游客能够享受到大自然和乡村文化的魅力，而不必担心高昂的开支。

3. 益贫性

乡村旅游的益贫性是指通过发展乡村旅游业，可以促进农村地区的经济增长、提高农民收入、改善农村居民的生活水平，从而减轻贫困问题。益贫性主要表现在以下方面：

（1）创造就业机会。乡村旅游通常需要大量的劳动力，如农民、导游、餐饮工作人员、手工艺制作者等。这就为当地居民提供了就业机会，有助于减轻乡村地区的就业压力。

（2）推动农业和手工业发展。乡村旅游需要大量的农产品和手工艺品，这促使当地农民和手工艺者增加生产，从而提高了他们的收入。这也有助于保持和传承传统的农业和手工业技艺。

（3）提高基础设施。为了满足游客的需求，乡村地区通常需要改善基础设施，如道路、电力供应、饮用水和卫生设施。这些改善不仅有利于提升游客的舒适度，还为当地居民提供了更好的生活条件。

（4）促进文化交流。乡村旅游吸引了具有不同文化背景的游客，这有助于文化交流和理解。当地居民有机会与游客互动，与游客分享本地的文化和传统，从而促进跨文化的友谊和理解。

（5）保护自然环境。乡村旅游通常强调自然环境的保护和可持续性。这意味着游客和当地居民都要努力保护自然资源，减少对环境的负面影响，从而确保乡村地区的美丽和可持续性。

（6）增加当地收入。乡村旅游为当地居民提供了额外的收入来源，这有助于提高他们的生活水平。游客的支出流入当地经济，刺激了当地的商业活动，为当地提供了更多的资源。

（7）提高社区意识。乡村旅游通常需要社区的合作和参与，这有助于增强社区凝聚力和认同感。当社区的成员共同努力为游客提供良好的体验时，他们更容易形成紧密的社交网络。

总之，乡村旅游不仅在经济上有益，还在社会和文化层面产生了积极的影响。它为贫困地区提供了机会，促进了可持续发展，同时也为游客提供了深入了解当地文化和自然环境的机会。这种双赢的情况使乡村旅游成为一个可持续的旅游选择，受到越来越多人的欢迎。

4. 可持续

乡村旅游具有显著的社会效益、经济效益和生态效益，有利于实现人与自然、社会的和谐相处。乡村旅游"三生（生产、生活、生态）一体"，既能保证农业生产功能，又能带动经济效益显著提高，因此是一种可持续旅游。

近年来流行的休闲农业，依托于乡村原生资源，对其加以整合性开发利用，延伸农业传统生产功能到观光、休闲、采摘、加工等产业链条，特别是采摘项目，能够为农户带来可观、持续而稳定的收入，同时还节省了雇佣人力成本以及农产品运输、存贮、销售成本，成本低、投入少、见效快。

5. 景观丰富

乡村旅游向游客展示的是历经千年积淀并传承至今的生态文明和农耕文明，乡村的一草一木无不具有鲜明的地方特色和民族特色，以及浓厚的乡土气息。乡村的自然风光清新质朴，乡村的风土人情独具魅力，乡村还有风味独特的菜肴、古朴的村落民居、原始的劳作形态、传统的手工制作。这些"古、始、真、土"的景观特质是乡村特有的资源禀赋，吸引着城市居民到乡村开展丰富多元的旅游活动，如风光摄影、古镇怀远、秘境探险等。

6. 时空多样

乡村地区的景物风光在不同的季节表现出不同的形式，而不同地区也有着不同的乡村风物。因此，多样的时空是乡村旅游资源的一个显著的特征，主要表现为季节的差异和地域的差异。地区的自然气候条件、地形地貌条件等影响着乡村地区人们的生活和发展，形成不同的风俗习惯，因而不同地区旅游有着显著的差异。尤其在我国，南方地区的乡村和北方地区的乡村，东部地区的乡村和西部地区的乡村皆存在着很大的差异。

季节差异也是影响乡村旅游的重要因素，因为乡村旅游的开展在很大程度上依赖于自然植物和农作物等的情况，依赖乡村地区的气候和环境，这些因素在不同的时间有着不同的表现。因此，随着季节的变化，乡村地区的旅游资源也呈现出不同的面貌。春有春花，夏有绿荫，乡村在一年四季都呈现着不同的形态，乡村景物的四季变化带来了不同的风光，也带来了各种应季的食物和特产，但是乡村旅游常常存在着明显的淡季和旺季，这导致了乡村资源的空置和乡村居民收入的季节不稳定性。

7. 参与和体验

乡村旅游在旅游方式上与城市旅游有很大的区别，城市旅游往往偏向纯观光的旅游方式，而乡村旅游可以让游客拥有参与感。游客来到乡村以后，不仅能够欣赏到美丽的自然田园风光，还能够参与一些具体的农家活动，体验一番劳动的乐趣。

乡村旅游所具有的体验性特征是许多游客被吸引而来的原因。乡村旅游不仅包括观光游览活动，还包括娱乐、健身等体验性旅游活动，既能让游客观赏到优美的田园风光，又能满足其参与的欲望，使游客在农耕农忙中获得全新的生活体验。乡村旅游内容广博，集观光游览、康养保健、休闲度假、寻根访祖、科普研学、民俗体验于一体，适应了当前旅游消费结构的多元化、个性化需求。

长期生活在城市里的群体是乡村旅游的主要参与者，这个群体中有一部分属于城市的本地居民，乡村生活对他们来说是完全陌生的，从而让他们对乡村产生了好奇和向往；另一部分人原本就来自乡村，但是他们远离熟悉的乡村生活的时间已经太久了，乡村旅游是一个契机，他们试图借此机会找回那段深埋心底的珍贵回忆。基于这样的背景，游客对乡村旅游的体验性自然会特别在意，因为这段旅程能让他们获得全新或曾经熟悉的生活体验。

8. 城市为依托

乡村只会对城市形成吸引力，由于乡村的自然生活和生产形态，乡村旅游只能以休闲为主，而乡村观光的素材也远远不如自然或人文景观，甚至也没有城市建筑景观丰富。乡村较难吸引远距离的游客，所以区域内的人群才是乡村旅游的主要客源。浓厚的乡土气息是乡村旅游的特色之一，所以乡村旅游对原本就生活在农村的人来说，是没有吸引力的。相反，对那些终日被钢筋水泥包围的城市居民来说，他们对高度商业化的都市已经产生了厌倦，巨大的工作压力和浑浊的空气让他们想逃离城市，这些因素叠加在一起，让他们对乡村旅游满怀憧憬和期待。

（二）乡村旅游的要素

乡村旅游是适应当今社会经济发展的需要和城市居民自发萌生的旅游需求而起步、发展并壮大起来的。可以从旅游业食、住、行、游、购、娱等方面来概括其特点。

第一，乡村旅游要"吃农家饭"。在节假日或周末双休日到乡村来品尝地道的农家菜，换换口味，是很多城里人选择乡村旅游时考虑的首要因素。无论是农民自种自养的时蔬瓜果、家禽牲畜，还是从湖里、河里捕捞的新鲜水产品，对城里人都具有极大的吸引力。餐饮服务是乡村旅游的重要组成部分，也是乡村旅游收入的重要来源之一。

第二，乡村旅游要"住农家屋"。乡村农户的居住条件虽然在硬件设施上不能与城市里的公寓高楼或星级酒店相媲美，但前者却拥有后者无法望其项背的自然环境优势。田园山水、干净卫生、舒适安全的居住环境，能极大缓解都市人终日紧绷的神经，令他们身心放松，压力顿消。农家住宿也是吸引城里人到乡村旅游的重要原因之一。

第三，乡村旅游要"干农家活"。形式多样、丰富多彩的乡村生活，提高了游客的参与感和积极性，通过一系列的互动，不仅让人增长见识、开阔视野，还让人锻炼身体、陶冶性情。乡村农户自力更生、自给自足的生活劳动方式对习惯了"饭来张口，衣来伸手"的城市人也有着不小的吸引力，如田间耕种、果园采摘、钓鱼织网等。

第四，乡村旅游要"享农家乐"。这里面主要包括上面提到的"干农家活"，即乡村的生产劳动，还有乡村民间世代相传、延续成风的民俗活动，包括祝寿、嫁娶、岁时节庆等，各有鲜明特色，令人印象深刻。对游客最有吸引力的是各种传统文化艺术的"活化石"——文娱表演，如放风筝、划龙舟、唱山歌、赶庙会等。这些文娱表演集表演性、观赏性、游客参与感于一身，种类繁多，生动有趣，让游客在欣赏参与的同时，了解乡土民间千百年来积淀而成的深厚博大的文化传统，意义深远。作为旅游活动的一个最重要的因素——游览与游玩方面的活动安排，才是能留住游客进行乡村旅游的根本原因。农家乐就是要提供给游客花样百出、不断创新的活动项目，尽量延长游客的游玩时间，真正让他们乐而忘返。田园风光，特色菜肴，茅舍村落，都是能让城里游客感到快乐的因素。

第五，乡村旅游要"购农家物"。乡村旅游商品富有民族风情，乡土气息浓郁，具有绿色环保、健康生态和文化底蕴深厚等特点，无论是草鸡蛋、野山菌等绿色食品，还是石雕、木刻、竹制品等民间工艺，以及手工制作的刺绣、编织、印染等，这些对平时只能购买千篇一律流水线生产的工业化产品的城市人来说，都具有强烈的吸引力。

简而言之，乡村旅游是一种以营利为目的综合性休闲度假旅游活动方式，产生于传统的观光旅游向休闲旅游过渡的过程中，乡村旅游集餐饮、住宿、游览、参与、体验、娱乐、购物等活动方式于一体，既能放松身心，又能陶冶性情。乡村旅游的基本接待和经营单位是每一个农民家庭，农村的环境资源和农民生活劳动是乡村旅游的特色所在，每一个来到乡村旅游的人都能充分感受乡村自然的生态环境、现代的农业文明、浓郁的民俗风情以及淳朴的乡土文化。

（三）乡村旅游的重要性体现

乡村旅游能在一定程度上推动农村经济的发展，乡村旅游是为构建乡村理想家园服务的，它应当是建设新农村的一种文化手段，是人类心灵栖息的天堂。乡村旅游的动力模型指出，乡村文化是发展乡村旅游的原动力，乡村文化要从整体文化意象上区别于城市文化，这就要求组成乡村文化意象的每个元素都要具有乡村文化的内涵和特点，乡村旅游的生命力也来源于此。

乡村旅游的重要性体现在以下方面：

第一，有助于城市对乡村的带动。乡村旅游可以促进城乡之间的互动，有利于城乡统筹发展。通过乡村旅游这个途径，来自城市的游客会在潜移默化中把城市的政治、经济、文化、意识等信息带到农村中，农民也在与游客的交流中自然地接收到了现代化的意识观念和生活习俗，农民素质也因此得到提高。

第二，有助于国民经济的增长。乡村旅游现实和潜在的消费需求都非常旺盛，不仅符合城镇居民回归自然的消费心理，而且有利于开阔农民眼界。农村地区是旅游资源富集区，乡村旅游业的发展极大地丰富了旅游产业的供给体系，将成为中国旅游产业的主要支撑。

第三，有助于发扬地区的特色。乡村的优势和特色是乡村独有的景观和不可替代的资源。合理的农村产业结构要在市场结构的基础上形成合理的地域分工，充分发挥各地的优势和特色，从而促进地域经济系统良好运行。产业结构是在将自然条件与社会经济条件，以及市场条件相结合的基础上形成的，讲求因地制宜。各地乡村的农村产业结构是各不相同的，都是根据自身发展条件形成的，这是因为各地在自然环境、资源条件、劳动力状况、基础设施等方面是具有显著差异的。产业化经营基地和丰富的人造景观也是乡村旅游的特色之一。我国中部地区是粮棉油的主要产区，这一地区人口众多，有丰富的耕地资源，加之适宜的气候条件，各种类型的种植业、养殖业都发展得很好，同时，这些专业化的农业产区也是丰富的乡村旅游资源，各具特色和优势。

二、乡村振兴战略与旅游产业的联系

第一，乡村振兴战略与旅游产业之间的联系在于旅游业可以为农村地区创造就业机会。在乡村地区，由于传统农业和手工业的衰落，就业机会相对较少，年轻人普遍倾向于离开农村去城市寻找工作。但是，随着乡村旅游的兴起，越来越多的农村地区开始发展旅游业，由此增加了各种工作机会，从餐饮和住宿到导游和手工艺品制作等各方面都有涉及。这不仅可以减少涌入城市的人口，还可以改善农村居民的生计，提高他们的生活水平。

第二，旅游业可以促进乡村地区的基础设施建设和服务业的发展。为了吸引游客，农村地区需要改善道路、交通、住宿和餐饮等基础设施，这将带动当地建筑、运输和服务业的发展。此外，旅游业还需要各种服务，如旅行社、导游和农家乐等，这些服务的提供将带动服务业的发展。因此，旅游业的兴起可以促进农村地区的全面发展，不仅仅局限于旅游本身。

第三，乡村振兴战略为旅游业提供了丰富的资源和市场机会。中国拥有着丰富的自然风光、悠久的历史文化和传统的乡村生活方式，这些都是吸引游客的重要资源。乡村地区可以通过挖掘自身的独特文化和风景，打造特色旅游产品，吸引更多游客前来参观。此外，中国庞大的城市人口也为乡村旅游提供了巨大的市场，他们渴望远离城市的喧嚣，寻找宁静和体验不同的生活方式。

第四，要实现乡村振兴战略与旅游产业的有机结合，还需要解决一些挑战。首先，农村地区的基础设施建设需要大量资金投入，政府和企业需要合作，确保农村地区的交通、住宿和餐饮设施能够满足游客的需求。其次，需要培训和引进更多的农村从业者，以提高他们的服务水平和经营管理能力。此外，需要制定相关政策，保护乡村环境和文化遗产，确保旅游业的可持续发展。

总之，乡村振兴战略与旅游产业之间存在着密切的联系，可以相互促进。旅游业为农村地区提供了就业机会，促进了基础设施建设和服务业的发展，同时也为乡村地区提供了丰富的资源和市场机会。然而，要实现这种联系的最大潜力，需要克服一些挑战，包括基础设施建设、人才培训和文化保护等方面的问题。通过政府、企业和社会的共同努力，乡村振兴战略与旅游产业的有机结合将为中国农村地区的可持续发展带来更多的机会和希望。

三、乡村振兴战略下的特色小城镇建设实践

特色小城镇是指以传统行政区划为单元，特色产业鲜明、具有一定人口和经济规模的建制镇。特色小城镇的提出，主要是为了区别于普通小城镇，通过挖掘其独特之处，提升竞争优势，实现城乡一体化发展。下面以陕西省洛川县为例，探究乡村振兴战略下特色小城镇的建设。

（一）特色小城镇与乡村振兴战略的联系

乡村振兴战略下的最终目标是实现农业强、农村美、农民富，特色小城镇重点强调特色产业、生态环境、设施服务，与乡村振兴战略"产业兴旺、生态宜居、乡风文明、治理有效、生活富裕"的总要求高度契合，因而，特色小城镇建设是实现乡村振兴战略的重要

载体，是推动新型城镇化与乡村振兴战略的重要"结合点"，是推动城乡一体化发展的"催化剂"。具体而言，二者的关系如下。

1. 乡村振兴战略为特色小城镇建设提供理论基础

乡村振兴战略下所倡导的全面发展思想、生态文明理念等多方面内容成为指导特色小城镇建设的根源，一方面，特色小城镇建设需要以实现城乡融合为根本目标；另一方面，由于特色小城镇作为城市与乡村间的联结处，可通过"裂缝"地带经济建设、基础设施完善等方面，达成乡村振兴战略的实践思想。因此，乡村振兴战略下所强调的统筹城镇化、新型工业化、农业现代化等多方面指导思想，均可为特色小城镇建设的具体工作提供理论基础，在思想层面上为特色小城镇的发展规划路径。

2. 乡村振兴战略指导特色小城镇建设路径

乡村振兴战略的实施能够指明城乡融合发展进程中的具体方向，即特色小城镇的建设需要从基础设施建设、经济发展以及产业融合等角度出发，方能实现乡村振兴战略的根本目的。从另一角度而言，特色小城镇的建设是基于推动城乡融合发展根本目标而形成的，这也就意味着乡村振兴战略在为城乡融合发展提供方向的同时，也指明了特色小城镇建设的实际路径。因此，从整体上看，乡村振兴战略所做出的整体规划不仅对城乡融合的发展提供帮助，同样也为特色小城镇的建设提供了具体路径。

3. 特色小城镇建设推动乡村振兴战略实施

特色小城镇的建设是推动乡村振兴战略实施的关键举措，旨在培育和发展特色小城镇，成为城乡融合的重要纽带。可以看出，特色小城镇在连接城乡关系、促进区域产业融合方面发挥着重要作用，最终形成经济辐射效应。特色小城镇位于城镇与乡村之间，精准对接乡村发展的瓶颈问题，从而在经济层面建立起紧密的联结机制。此外，特色小城镇还能够传递乡村优质的精神文明和物质文明，充分展现乡村独特的魅力，吸引更多城市资本流入乡村，实现城乡资源的有机输送。

作为城镇与乡村的纽带，特色小城镇不仅承担着将城镇资源优势引入乡村的责任，更要宣传乡村的优秀特色，彰显乡村的价值，以进一步激活乡村经济。激活乡村经济、推动城乡融合发展是乡村振兴战略的根本目标，也是多年来真正解决城乡二元结构矛盾的重要战略。鉴于特色小城镇在促进乡村经济和推动城乡融合方面所发挥的双重作用，它对于乡村振兴战略的实施具有扩大效果的作用，从而在一定程度上丰富了乡村振兴战略实施的基本路径。

4. 特色小城镇为乡村振兴战略提供实践检验

特色小城镇与乡村振兴战略间的关联性不言而喻，乡村振兴战略为特色小城镇的建设提供了思想渊源及整体方向，而特色小城镇的建设也能够充实乡村振兴战略的实施内容，这就意味着特色小城镇的建设在一定程度上来自于乡村振兴战略的整体规划，因此，特色小城镇建设的好坏也将会直接影响乡村振兴战略的实施效果。

特色小城镇实践时间相对较短，加之区域特色存在差异性，全面开展特色小城镇建设的过程中可能会出现部分问题，而诸多问题的出现也将映射出乡村振兴战略的实施存在的困境。

由此，特色小城镇也可为乡村振兴战略提供实践检验。乡村振兴战略的制定，有赖于发展进程中的不断完善与更新，方能进一步实现发展。特色小城镇作为乡村振兴战略的重要实施路径之一，反映的恰是城乡融合之间面临的诸多不适应，此时，如果能够聚焦于特色小城镇建设过程中存在的问题，围绕乡村振兴战略提出的要求，切实改进问题，同样可在较大程度上丰富乡村振兴战略规划的实际内容，为我国整体经济的进步提供更为明确、全面、有针对性的指导。

（二）特色小城镇建设的经验与启示

1. 聚集资源要素，加强规划建设

特色小城镇的建设中自然资源条件的禀赋、资金的支持和人才的引入起着至关重要的作用，同时符合实际且优秀的规划设计为小城镇未来发展起到奠基作用。格拉斯小镇立足于自己地中海气候的实际情况，合理规划建设，历经两次产业转型升级，最终成为闻名全球的香水小镇。在后期建设中，需要继续充实新的建设内容，根据市场需求，引进高端人才，紧跟时代步伐。小镇在下一步建设中要结合自己实际，明确发展目标，通过多种渠道聚集资金、人才等要素，合理规划建设，实现有的放矢。

2. 深入市场调研，清晰自我定位

在特色小城镇建设过程中，要在充分进行市场调研的基础之上，结合当地实际情况，分析主要旅游群体，为主要的旅游群体打造独具特色的小镇，再根据市场需求推出各类旅游产品，让前来小镇旅游的游客既能体验到另一番风景，又能产生宾至如归的感觉，既有新鲜感，又有熟悉的情怀，由此提高小镇对外的吸引力，实现小镇持续健康发展。小镇在今后的建设中，在推出各个项目之前，也要进行深入的市场调研，形成自我独特的风格，预防出现特色小城镇无特色、无市场的现象。

3. 创新宣传渠道，塑造品牌地位

知名度的提升要多渠道宣传，包括宣传视频、广告的制作，宣传册的印发，大型旅游

推介活动等。品牌塑造奠定小镇健康发展的基础，小镇可以通过建立博物馆、学校，高端人才的引进、免费优质的服务的提供等手段提升品牌地位，最终实现引领发展、示范带动的作用。小镇应借鉴照金镇和格拉斯小镇的成功经验，根据市场需求，持续加大要素的投入，依托当地部分龙头企业，结合小镇特色农产品文化，以官方认定的商标为主，提高农产品生产质量，带动发展乡村旅游项目，加强小镇优质品牌建设。

4. 保障当地人群，助推健康发展

特色小城镇的所有项目都要在某一特定地区进行建设，这将直接影响到当地人群的生产生活，小镇在产业转型升级与品牌建设中，需要高度重视当地居民生产生活的发展，吸纳当地居民在企业就近工作，增加收入。对部分村庄进行改造提升，为部分村民创造宜居环境，在后续建设中，要继续加大人居环境改造提升工作，不但经济水平要提升，农民收入要增加，也要建造生态宜居环境，提高小镇健康水平。

（三）特色小城镇建设的对策

1. 协同合作，确保建设资源

（1）加大招商引资力度。

第一，积极争取上级财政支持，针对小镇特色小城镇建设资金匮乏的问题，设立特色小城镇建设项目专款账户，将各级政府扶持资金及补助全部纳入该专项账户，用于小镇特色小城镇建设的项目规划、相关的基础设施、公共服务设施等配套建设，专款专用，保证小城镇建设资金充裕，为项目实施提供最重要的基础保障。

第二，畅通小城镇建设项目的投融资渠道，发挥政府引领的作用，动员企业、私人等社会第三方的积极性，多方筹集小城镇建设的资金。对于收益见效快的建设项目，积极吸纳企业或者私人进行投资建设；对于一次性投入高、收益慢的项目，通过发行政府债券的方式来吸引民间资本投入；对于符合国家政策有力支持的建设项目，积极申报国家相关专项资金项目，或通过争取政策性银行长期、低息的融资贷款的方式，建立健全多渠道、全方位的投融资渠道。

（2）强化人才保障。人才是乡村振兴战略的重要保障要素，小镇应当把人才引入作为特色小城镇成功建设的一项重要工作。

第一，加大人才吸引力度，积极对接县政府人才招纳计划，吸引一批高端专业技术人才流入小镇。动员辖区企业，实施人才引入战略，每个企业至少引进一个高端人才，积极对接相关部门单位，对引进的人才进行专项培训，让引进来的学术型人才转为管理强、技术精的高素质复合型人才，充分发挥高端人才的引领带动作用，提升当地企业的综合竞争力，以带动全局发展。

第二，针对小镇特色小城镇规划建设与管理专业人才缺乏的问题，加强对此类专业型人才的吸纳，并对小城镇建设提出指导性意见，形成专业管理人才聚集。针对小镇农产品专业技术人员的缺失，通过改善环境、设施条件等方式将相关专业和技术人才进行聚集，提升农产品专业人才的技术水平。坚持因材施教，制订人才培养计划，主动适应社会和市场的需求，到山东农产品主产区、县内其他农产品生产区及成功打造特色小城镇的地方进行观摩学习，将理论和经验融入小镇实践中去。

第三，建立激励奖励机制。结合小镇工作内容，对在日常工作中、特色小城镇建设过程中有突出贡献的人才给予荣誉、金钱等奖励，并在年终公务员、事业单位考核中评为优秀等级，调动干部工作积极性，推动小镇迈上高质量发展的台阶。

2. 强化规划，提高建设质量

在小城镇规划建设中，理论界和政策界需要达成共识，要从多个层面、不同侧面深化对我国城镇化发展的统筹谋划及战略性思考，制定科学合理的发展规划。特色小城镇的建设应做好规划设计，明确发展方向。小镇将特色小城镇建设定位为"农产品+红色文化+乡村旅游"的三位一体发展模式，定位明确。因此，在特色小城镇建设过程中，坚持实事求是、因地制宜的总基调，在满足内在需要的前提下，聘请专业规划人员，制定总体特色发展规划，强化建设风格的独特性，达到特色小城镇高质量发展的目标。

3. 多元参与，激发合作动力

依据多中心治理理论，推动特色小城镇建设项目顺利实施，关键在于政府、公众、企业和社会组织等多元主体共同参与，对资源进行科学、合理的配置，使其最大限度地得到利用。小镇建设特色小城镇过程中应将政府、群众、企业、社会组织等有机联合起来，形成多方协作、共同建设的合力，为特色小城镇的建设创造良好环境。

（1）提高政府服务水平。

第一，实现善政。善政要求政府向服务型政府转变。小镇特色小城镇建设中，应该做好顶层设计，深入思考，进行体制机制创新，从全局治理层面制定总体发展规划，明确各类主体在特色小城镇建设中所处的位置、应负的职责，助推协调发展。通过对德国、法国、美国等欧美发达国家的特色小城镇建设研究可以发现，其以满足人的现实性需求为总基调，同步配备完善公共服务设施，把医疗、卫生、教育等基础问题纳入建设规划中去，使特色小城镇的每个地方都能感受到人性化的温馨魅力。小镇政府应吸取发达国家和我国部分地区小城镇建设的先进经验，进一步提升当地教育水平，更深入地推进农产品文化进校园活动，同步完善交通系统、医疗卫生等基础设施建设工作，提高公共服务水平。将与村民息息相关的各项事业高度重视起来并落到实处。

第二，坚持走乡村善治之路，强化农村基层组织管理，选优配强村两委班子成员，吸纳有为青年进入村两委，配备德才兼备、勇于挑战、有发展眼光的党员为村级发展"领路人"。

（2）提升村民参与度。小镇在特色小城镇的建设中，必须真实了解群众需求，精准解决各类社会矛盾问题，让村民主动投身到小镇特色小城镇建设的热潮中，真正为推进小镇发展做出更大贡献，实现小镇的和谐发展。小镇可以从以下两方面提高村民的参与度。

第一，加强村民自治。小镇在特色小城镇建设中要深入群众，倾听群众心声，改变"单一管制"的现状，赋予村民更多的协商权利，充分调动村民参与的积极性。同时发挥党员在小镇特色小城镇建设中的示范带头作用，鼓励村民、青年广泛参与。

第二，加强对内宣传。特色小城镇的建设与群众的支持息息相关，村民综合素养也是打造特色小城镇成果的体现，因此，在特色小城镇的建设过程中，政府要通过"一约四会"、公众号视频的方式对内加大宣传力度，使得村民对特色小城镇建设的认识得以提高，相关理论知识储备更加丰富，为特色小城镇建设添砖加瓦。

（3）发挥企业驱动作用。小镇应借助当地农友果业、有限公司等龙头企业驱动作用，发挥自身能量，招贤纳士，助力小镇特色小城镇建设。企业家作为先富群体，紧扣脱贫攻坚与乡村振兴战略有效衔接的契机，吸纳贫困群体进入企业，为其提供就业机会，实现共同富裕。

（4）社会组织协同建设。组织化是彰显乡村主体性、提升乡村治理能力、拓宽经济社会发展道路、重构乡村社会组织基础的基本途径，社会力量应自觉地转换理念，秉持社会创新者的角色定位，以多种形式的社会创新手段，提高社会力量参与乡村振兴积极性。小镇的特色小城镇建设也要重视社会组织这一角色，创新带动社会组织的加入，提高乡村振兴战略的水平，洛川商会便是一个重要的突破口，应借助商会力量，带动当地协会，引进人才，注入新鲜血液，实现传统非遗文化的传承。

4. 强调特色，推动综合发展

乡村振兴，产业发展是首要任务，特色小城镇建设中特色产业彰显是重要任务，小镇应在"农产品产业、乡村旅游产业、红色文化产业"三方面做足文章，凸显特色。

（1）推动农产品产业转型升级。

第一，深挖农产品文化的内涵，充分发扬"不低头、想突围，不低头、去突围，不低头，再突围"的农产品文化精神，让这种精神带领人民群众不断前行。

第二，调整农产品产业布局与管理。推进品种转型升级，借助基地更新换代有利之机，根据"宜矮则矮、宜短则短、宜乔则乔"的原则，在灌溉条件较好的地方，大力推广矮化栽培模式。在不具备灌溉条件和土壤瘠薄的地方继续发展乔化栽培模式。制定补贴惠民政策，争取项目投资，引进灌溉设施，多元化宣传农产品防御自然灾害的措施和必要性，带动群众参与到防范自然灾害工作中。

第三，强化农产品后整理，扩宽农产品产业链，深挖农产品加工潜力，加大农产品加工工艺的创新与应用，增加农产品的附加值，如进一步研发农产品保鲜技术，保证反季节销售货源充足、品质高端。动员辖区内果业企业到外省开展农产品宣传推介活动，冷库企业进行冷库翻新建设，提高果品存储质量，并与当地企业签订就业协议，带动群众实现就近就业。在农产品营销上做足文章，到了农产品销售期，镇、村两级要积极宣传动员，引导果农分级分选，分价销售，让好果卖上好价钱，促进果农增收。

（2）推动乡村旅游快速发展。继续按照把果园建成花园，农房变成客房，乡村建设得更像乡村的理念，紧抓"红色文化+绿色生态"的资源优势，依托"第一棵树"保护，对李新安故居、明城墙遗址、传统建筑、古槐树等历史文化遗迹进行保护与开发，再深入挖掘农产品文化、黄土文化、民居文化、饮食文化资源，拓宽研学模式，开发菜地、剪纸制作、农产品采摘体验等多种模式，形成"春季赏花、夏季避暑、秋季采收、冬季赏雪"四季观光的乡村旅游模式。成立专职景区管理委员会，明确工作职责，制定工作细则、卫生保洁制度、安全制度、景区场所管理制度等，以推动乡村旅游持续发展。

（3）加快"三位一体"融合发展进程。时下正处于脱贫攻坚与乡村振兴战略有效衔接的时机，小镇要牢牢抓住乡村振兴战略的有利契机，紧扣各项有利政策，以农产品产业发展为主导，推进二、三产业融合发展。改善环境面貌、提升基础设施，将农耕文化、乡土风情、农产品文化、红色历史文化融入小镇特色小城镇建设中，辐射带动周边村庄同步发展，建立集农庄、民宿、农业景观、生活体验、农产品展销于一体的综合性园区，推动农旅休闲和红色旅游的多种创新业态组合，结合本地农特产品、非遗文化和红色文化开发文创产品，通过修建文化长廊、文化墙等形式来展示小镇的独特文化风采，让传统文化实现对内传承、对外宣传。鼓励当地群众积极开发餐饮、工艺品、纪念品等旅游商品，通过"三位一体"的资源带动，促进小镇经济发展，实现三产融合发展，提升小镇的魅力。

（4）改善环境，保障民生福祉。以生态宜居为目标，走绿色发展之路，积极开展村庄美化工程，每年春季栽植风景树，种花种草。持续加大环境卫生整治力度，继续坚持"支部引领、党员示范、群众参与"的要求，健全环境卫生管护长效机制，充分发挥党支部战斗堡垒作用和党员先锋模范作用，让党旗在环境卫生整治一线高高飘扬。生产生活垃圾实行户分类、村收集、镇转运、县处理，规范各村垃圾倾倒点，坚决革除随意焚烧垃圾、污染水源、乱排粪便等生活陋习，推动全镇环境卫生面貌再上新台阶。持续推进"厕所革命"，根据上级下达任务指标，制定实施方案，分解任务，保质保量限期完成。

以改善民生为目标，着重抓好教育、公共基础、社保等工作，持续增进民生福祉。提升基础设施，积极对接上级部门，争取项目资金支持，在原有基础上继续进行村级道路、水、电等基础设施改善提升，对还未实现道路硬化全覆盖的村镇继续实行道路硬化工程，争取在时下有利契机，实现亮化全覆盖。

提升村风民风水平，走文化振兴与乡风文明之路，推动文化事业发展，完善景区打造后续工作，规范景区管理，加强本镇本土旅游文化产品挖掘，依托协会，积极发展文化产业。加快各村文化活动广场设施配备，不断丰富群众文化生活。坚持举办小镇农产品旅游文化艺术节，并开展民俗比赛等创建活动，在全镇倡导革除陋习、反对铺张浪费，提高农村整体文明道德素质的目标。注重乡贤文化的培育，以艺术展馆的建设为契机，引导全体村民追忆先贤，形成勇于开拓、敢于创新、锲而不舍、勤劳致富的良好村风，不断提高群众的获得感和幸福感。

5. 创新传播方法，增强品牌竞争

小镇建设过程中暴露出知名度低，影响力小、对内对外宣传力度小、缺乏创意等问题，严重影响了小镇品牌的建设。在今后的建设过程中应从以下角度出发：

（1）保持与时俱进，充分利用信息化手段宣传营销。伴随着"微信""抖音""快手"等互联网产品迭代更新发展，人们获取信息的途径更加多元、方便快捷。微信视频号、官方抖音号、官方快手号等都是现在流行的产品宣传媒介，网络直播更是时下见效较快的一种宣传方式。

（2）注重创新发展，全面提升品牌质量。

第一，小镇旅游及系列旅游产品要在现有基础上不断创新，积极研发新产品，充分满足游客的好奇心，让游客体验更高质量的旅游产品。

第二，紧扣农业农村部"质量兴农、绿色兴农、品牌强农"的有利政策进行农产品品牌营销，建立政府与当地企业双向联动机制，到外省参加农产品品牌营销推荐会，助推农民合作社转型升级、实现高质量发展的全新平台。

（3）强化品牌管理，助推小镇良好运行。坚持内外双向联合、双重驱动，塑造小镇良好形象，同时提升品牌知名度，吸引外界人员前来投资，最后引进社会信用体系，监管维护品牌。

6. 完善绩效评估，确保监督体系

（1）相互监督，定期督查考核。成立专职的小城镇建设工作领导小组，充实专职工作人员。制定切实可行的建设管理制度，建立健全工作目标责任制，明确职责分工，推动特色小城镇建设实现规范化、制度化、程序化。

落实督查考核制度，建立双向监督机制。针对镇政府干部，将负责的建设项目进展情况作为年终考核评优指标；针对村委会，与各村签订小城镇建设目标责任书，与村干部绩效工资挂钩，明确各村任务与工作内容，并逐一细化、量化，年底考核，奖惩兑现，吸纳村级党员、乡贤、群众代表，监督镇、村两级建设工作开展情况，对于发现的问题，及时指出并校正。

（2）紧盯目标，完善评价指标体系。明确特色小城镇建设目标，定期对各项目进行评估，对评估中凸显的各类问题进行创新性解决。小镇应该结合实际建立评价指标体系，科学评估当地建设情况。将农产品产业重点评价，次之评价小镇红色文化带动能力，再评价乡村旅游产业发展环境、聚集度等方面。把传统文化、基础设施和环境作为单独的新维度加入小镇特色小城镇的评价指标体系中，传统文化维度下，评价小镇对面花、树皮画、剪纸等非遗文化的传承与发扬情况。环境维度下，评价小镇人居环境改善、生态环境治理等情况。基础设施维度下，评价小镇道路、交通、水利、电力设施等的建设情况。

第三节　乡村振兴战略下的循环经济产业发展

一、循环经济的特征与原则

循环经济是一种经济模式和理念，旨在最大限度地减少资源的浪费和环境影响，同时促进可持续发展。其核心思想是将资源的使用、生产和消费过程设计成一个封闭循环，以减少资源的耗竭和废物的产生。

（一）循环经济的特征

第一，新的道德观。体现了由过去的"以人为世界中心"转变为"以生态环境为世界中心"，人类从自然的主人转变为自然的享用者、维护员和管理人。循环经济的道德观体现了当人与自然形成共同利益时，人类以维护、管理自然资源环境为使命，强调了人类的基本道德在于同代人、代际间的公平。

第二，新的经济观。新的经济观要求维持"低开采、高利用、低排放"的态势，保护自然生态系统免遭侵害，使资源得到高效循环和利用，维系大系统的持续发展。自然生态系统不能负荷人类社会经济活动时的经济循环是恶性的，只有充分考虑自然生态系统的承载负荷能力的经济循环是良性的。

第三，新的价值观。循环经济新的价值观认为，人类的经济社会活动，既可以提高环境的价值，也可以降低环境的价值。人类生产生活创造的经济价值、社会价值、环境价值是相互统一的整体，人类在追求经济社会利益最大化的同时，不应以破坏生态自然环境、无节制消耗能源为代价。

第四，新的生产观。传统生产观讲求最大限度开采自然资源并获取利润，与传统生产观不同，循环经济生产观主张通过利用可再生资源代替不可再生资源，在自然生态良性循环的基础上进行合理化的生产，运用先进的科技工艺技术，用知识投入代替物质投入。

第五，新的消费观。循环经济消费观主张通过税收等手段限制一次性用品、包装等的使用，降低社会生产生活对资源、环境的消耗程度，探索出了新型的资源供应渠道，实行绿色消费。

（二）循环经济的原则

循环经济作为生态型闭环经济，为实现合理的封闭式循环，需要人类的经济社会活动形成"资源—产品—再生资源—再生产品"的循环模式，使上一个产品的废弃物成为下一个产品的原材料，整个生产过程没有排出废弃物，从源头上减少污染并合理利用原材料。

第一，减量化原则。减量化原则旨在生产经营、生活消费过程中，使用最少的原料和能源。①从源头上减少资源、能源消耗，特别是要严格控制造成环境污染的资源，提高资源利用率，预防废弃物的产生。②在生产过程中，通过减少原材料的使用、改革工艺制造技术、实施清洁生产，减少原材料的使用和废弃物的排放。③在生活消费过程中，引导消费者改用包装物简单、耐用并可以循环使用的物品。

第二，再利用原则。是指生产者设计和生产产品或包装容器应经久耐用，并且能以初始状态被多次使用，尽量拉长服务时间及产品寿命，避免过早转变为废弃物，不应该为追求利润最大化而生产只能使用较少次数甚至使用一次后寿命就终结的产品。使用易于将产品升级或更新换代的标准设计和加工制造工艺技术，在生活消费过程中，将维修好的物品重新投放市场，再次发挥产品的使用功能，加入新的经济循环中。

第三，再循环原则。再循环原则的基本原理是输出端的一种形式，包括资源化的原级和次级两个形态，分别是将废弃物循环利用于生产同类型新产品以及回收生产过程中的边角料、中间产物和其他废弃物，再转化为其他类型产品的原材料，生产不同类型的产品。

二、乡村循环经济发展的甘肃经验启示

（一）乡村循环经济保障体系建设现状

1. 政策保障体系

甘肃省印发《耕地质量管理办法》，对造成耕地质量下降需要承担的经济和法律责任进行了明确规定；印发了《关于加强全省农作物病虫疫情防控体系建设的意见》，提升了甘肃省农作物重大病虫害应急防治能力和整体防控水平；印发了《农牧厅关于加强废旧农膜回收利用推进农业面源污染治理工作的意见》，为农膜回收利用工作的开展打好基础；印发了《关于加强尾菜处理利用工作的意见》，重新提出以乡村循环经济理念为主导，进一步加快蔬菜清洁生产以及尾菜全方位利用的方案；印发了《关于加快旱作农业发展意见》，进一步促进了甘肃省部分干旱地区农业发展，提升干旱地区农作物的综合生产能力；印发了《秸秆饲料化利用规划》，推进了农作物秸秆饲料化利用，促进了草食畜牧业发展；印发了《打好农业面源污染防治攻坚战实施方案》，为农用废弃物的再回收利用和农业生态环境的改善提供了政策依据。同时，甘肃省各市州也结合农业循环经济发展实际，出台了多项政策措施。"农业循环经济，是基于人与自然的和谐关系，通过保护生态，进而利用生态，形成经济价值的循环。"[①]

2. 组织保障体系

甘肃省成立相应的组织领导机构，各级发改、工信、财政、科技、环保、水利等部门加强联系沟通和协作，形成相互协调、共同推进的工作格局。同时，各级政府部门逐步完善了目标责任考核，形成一级抓一级、层层抓落实的管理机制。

3. 科技支撑体系

甘肃省结合乡村循环经济发展实际，组织研发并大力推广通过测土配方进行科学施肥，通过科学测算达到精量化播种，通过科学施肥提升耕地质量，通过科学综合防治农作物病虫草害、农业生产废弃物综合利用、农村能源开发与建设、旱作农业与农田高效节水、农业机械研发与应用等一批循环农业先进适用技术，为甘肃省乡村循环经济的发展提供了良好的科技支撑。

---

① 徐妍，马昭才. 乡村振兴战略下农业循环经济发展策略［J］. 新农业，2022，（05）：57~58.

（二）甘肃省乡村循环经济重点工作及主要成效

近年来，甘肃省大力推广乡村循环经济发展，通过一系列政策和措施，着力打造出荒漠绿洲、山地果树等多种农业循环经济模式，加快了张掖、武威、定西等地的特色农副产品加工和甘南、陇南、临夏等地的农牧产业结合循环经济模式以及基地建设。

积极打造农业循环经济产业链，大力推进节约型农业技术推广工程和废弃物循环利用工程，加快转变农业发展方式，努力提高资源利用效率，循环农业体系建设成效明显。

1. 推广节约型农业技术

（1）推广节水技术。推广节水技术是指通过教育和宣传，以及政策和技术支持，提高公众和企业的节水意识，并采用各种节水技术和措施，减少水资源浪费，提高水资源的利用效率和效益。推广节水技术是为了提高水资源的利用效率和效益，减少水资源浪费，保护生态环境，实现可持续发展。

（2）推广节药技术。为减轻化学农药大量施用对农业生产环境的破坏，积极引进推广高效、低毒、低残留农药、生物农药及新型施药器械，有效减少化学农药使用量。

（3）推广节肥技术。通过科学施肥，实现不断降低成本、培肥地力、增产增收、保护环境和提高农产品质量的目的。依托国家和甘肃省农机购置补贴，不断加快老旧和高能耗农机更新换代步伐，鼓励和支持农民购买和使用节油、节电、节煤型农业机械设备。

2. 推进农业生产废弃物的综合利用

（1）加强畜牧业粪污利用。通过科学规划畜禽养殖布局，根据各地区不同资源占有情况，推广符合当地实际的沼气能源利用、有机肥生产等畜禽粪污综合处理利用技术，规范和引导畜禽养殖场做好养殖废弃物的回收利用工作。组织开展畜禽养殖污染治理情况定期报送工作和禁养区划定摸底排查工作，积极推广适合各地区资源占有情况和畜牧业发展方向的标准化、精细化的养殖形式和污染处理方案，并逐步开展畜牧业健康、绿色发展文明创建评比活动。

（2）加大秸秆利用率。甘肃省通过对农作物秸秆的饲料化、肥料化等加工利用，同时加强秸秆沼气池建设，推动乡村循环经济的产业化生产经营。广泛开展"玉米—秸秆青贮—草食畜养殖—沼气—沼渣、沼液还田"的乡村循环经济产业链条，提高秸秆饲料化利用水平。同时，继续加大农作物秸秆的肥料化、燃料化、基料化等综合利用技术的研发推广和集成组装。

（3）推进草产业发展和草原保护。近年来，甘肃省在甘南、临夏等地区，大力推广机械化种草技术，并通过培训和宣传，人工种草水平也得到进一步提升。苜蓿、燕麦等牧草连片种植面积迅速增加，生产基地继续向优势区域集中，草产业得到平稳较快发展。草原生态养殖种植保护补助措施和奖励政策，更加深入地实施退牧还草、退耕还草、已垦草原治理等草原保护建设工程，在建立健全草原管护制度，稳步推进草牧业发展，着力保护草原生态环境方面，取得明显成效。

（4）推进农村产业融合发展。甘肃省以乡村循环经济发展为基础，着力拓宽融资渠道，积极探索不同区域和产业的融合模式，已初步形成政府支持、部门联动、企业农户参与、利益共享的工作格局。将乡村循环经济与旅游经济、教育产业、文化产业、健康养老等产业初步实现产业融合化发展。

三、乡村振兴战略下的农业循环经济发展策略

（一）推广有机化肥农药

地方政府应当结合农业循环经济发展要求做好相应的宣传教育工作，通过宣传教育使农民意识到滥用化肥和农药的危害，同时针对已经出现的土壤酸化板结问题进行指导，通过撒草木灰的方式缓解土壤酸化问题，平衡土壤酸碱度，从而为农业生产提供稳定的土壤环境。在宣传绿色发展理念的同时，乡村经济管理人员应当针对农民的农业生产活动进行指导。

在循环农业发展期间，乡村经济管理人员可以推广生物防治技术，如通过黄色黏虫板防治有害蚜虫，或通过超声波、次声波等技术干扰昆虫繁殖，有效遏制虫害。

农业部门及其工作人员需要做好有机化肥、有机农药的推广工作，重点推广农家有机肥、缓释肥和复合肥，并派遣专业的农业技术人员指导农民的生产实践，帮助农民转变"多用化肥可增加产量"的错误观念。同时，可以指导农民将人畜排泄物经过发酵后还田，避免人畜排泄物污染水源、空气。

（二）多渠道筹措资金

第一，政府部门要做好当地财政规划，在确保财政资金合理配置的前提下向农业循环经济发展适当倾斜，适当增加农业财政资金。

第二，政府部门要充分发挥金融工具的作用，联系农村商业银行、村镇银行，通过金融渠道筹措资金；同时，积极出台相应的金融助农政策，为农业循环经济基础设施建设、农业生产活动提供资金支持。

第三，通过政商合作引导农业企业有序进入当地农业行业，发挥企业在资金方面的优势，为农业循环经济发展提供资金助力。

第四，做好农民思想教育工作，使其支持农业循环经济发展，为农业发展和产业建设贡献力量，在一定程度上缓解资金短缺问题。在这一过程中，党员干部、农业部门工作人员需要发挥带头作用，调动农民参与农业循环经济发展的积极性。

（三）优化农业产业结构

产业结构影响农业循环经济发展效果，对此，应当主动优化农业产业结构，促进农业绿色化、现代化发展，进而提升农业循环经济发展效益。具体而言，可以从延长农业产业链和促进多元产业耦合发展两方面入手。

第一，延长农业产业链。地方政府应当结合当地农业发展状况，推进农产品加工场地建设，引进先进的加工设备，实现农产品深加工。

第二，促进多元产业耦合发展。这样既可以增加农民收入渠道，也可以优化产业结构，提升产业抗风险能力。

（四）推进乡村经济管理队伍建设

人才是农业循环经济发展的关键，为此，应当通过产业升级、提升人才待遇等方式引入优秀人才、留住人才，使人才在农业循环经济发展期间发挥重要作用。一方面应当推进农业产业结构升级，结合前文提及的产业耦合发展、延长产业链等措施，为青年大学生、青壮年劳动力提供就业机会，吸引人才，留住人才；另一方面则需要提高人才待遇和保障，使人才可以全身心投入农业循环经济的建设与发展。

地方农业部门需要推进乡村经济管理队伍建设，一是组织乡村经济管理人员以集体形式参与在岗培训，使其及时更新知识系统，提升乡村经济管理工作能力，积极投入乡村经济管理活动，促进农业循环经济发展；二是派遣单位内部人员外出学习，既可以进入高校、科研机构或兄弟单位学习，也可以进入田间地头实践学习，使其不断提升自身工作能力，更好地投入农业循环经济发展。

（五）强化农村地区环境监管

推进农业循环经济发展需要积极发挥生态环境监管的重要作用。具体而言，积极引进先进的检测设备，尤其是针对乡镇一级的环境监测单位，确保乡镇单位能够有序开展环境监测工作，并能将监测结果作为评估农业循环经济发展效益的重要指标。

　　农业部门需要与环境部门形成联动，结合生态环境监测结果诊断农业循环经济发展问题，制定未来的发展规划。同时，鉴于农业循环经济发展是一项长期性、系统性工作，农业部门、环境部门应当联合推进农业生态环境监测常态化开展。此外，农业部门、环境部门需要联合做好宣传教育，针对村民做好思想教育工作，使村民主动配合生态环境监测，参与生态环境保护，为农业循环经济发展提供生态环境层面的支持。

　　在乡村经济发展期间，需要推进种养结合的新型农业模式应用。例如，最常见的种养结合模式是将农作物秸秆处理为畜禽饲料，而后将畜禽粪便收集送入沼气池，发酵以后产生沼气可以用来照明、取暖，且相较于传统化石能源，沼气更为洁净，不会产生有毒有害气体。沼渣可以再次还田处理，增加土壤肥力，实现种养结合。

第五章　乡村振兴战略下的产业创新实践

第一节　乡村振兴战略下的产业结构调整与融合

产业泛指国民经济的各行各业，是由利益相互联系、具有不同分工、由各个相关行业所组成的业态总称，从生产到流通、服务以至于文化、教育，大到部门、小到行业都可以称之为产业。产业振兴是乡村振兴战略的关键和前提条件，实现产业振兴，乡村产业升级是关键，要充分发挥农业多种功能，推动形成辐射式产业体系，提升整体功能效益；有效衔接农业各环节、各主体，形成协同发展的有机整体，转变农业发展方式；推动农业向中高端跃升，加速产业创新发展，做大县域乡村产业生产总值。实现产业振兴、产业融合是趋势，乡村三大产业的发展要以消费者不断变化的需求为导向，各大产业深度融合，对业态进行持续创新。

一、乡村振兴战略下的产业结构调整

（一）农业产业结构的意义

农业产业结构是指农业内部各产业比例关系，其本质就是农业内部各产业部门之间的相互占比情况。"乡村振兴战略为我国农村勾画了宏伟而美好的蓝图，随着乡村振兴战略的实施，未来农村社会将发生翻天覆地的变化，而实现农村地区经济社会快速发展的有效方式是调整现有产业结构，发展新产业，实现多种产业组合发展。"[①] 因此，推进农业产业结构调整则成为乡村振兴战略背景下农业产业升级的重点，也是推进农业现代化的重要战略问题。农业产业结构调整是推进农业现代化的必然选择，是农业经济转型升级的必要条件，是治理农户收入增加难题，推动城乡社会高质量发展的有效手段。农业产业结构调

---

①田黎. 凤冈县农业产业结构调整成效浅析——以凤冈县临江村为例［J］. 基层农技推广，2022，10（11）：44.

94

整应涵盖三个方面：①调整农业产业内部产业部门的比例。②调整农产品的结构。③调整农业销售结构。通过以上三个方面的结构调整，能够有效促进农业产业调整与优化，促进农业产业向更高水平迈进。

（二）农业产业结构调整的影响与机制

1. 农业产业结构调整的影响

农业产业结构是特定时期某一区域内农业产业的现实状况，产业结构调整优化是指某一时间某一区域内，特定的经济发展条件以及自然资源供给下，为了使这一区域内农业产业产出达到最大化而调整产业间的比例。农业产业结构调整的影响因素主要有两方面：

（1）社会经济条件和自然资源状况的影响。社会经济条件主要是指社会经济制度，同时还包括由此种社会经济制度所带来的各种经济政策和经济发展规律，如生产资料所有权形式、国家和政府出台的农业政策和消费水平等。只有生产效益好、管理制度完善的优质产业才能发展壮大。农业产业结构是社会经济进步的结果，而农业产业结构调整后又可以反过来推动社会经济进步。所以农业产业结构调整不单单是社会经济进步的结果，同时还是社会经济发展的内生动力。

农业生产是指人们利用自然条件获得农产品的过程，但是这一过程应注重因地制宜，根据不同的自然条件进行不同类型的农业生产。在农业产业结构调整中应充分遵循因地制宜的原则。自然资源禀赋是农业生产的基本条件，而农业生产最基本的农业产业结构是由于各地区自然资源的多样性和差异性导致的。

（2）农业技术进步和农产品需求的影响。农业技术进步实质上是农业生产的设备、物资、技术、品种以及农产品储藏等多方面的进步。农业技术进步标志着农业生产力水平的提高。因此，农业技术进步对农业产业结构优化升级的影响十分重要。人们的需求是伴随着经济社会的发展而不断调整的，这通常会引起农业产业结构的变化。所以，农业生产结构应得到调整优化，以满足不断变动的市场需求。

2. 农业产业结构调整机制

乡村经济的振兴是乡村振兴战略的基础，也要文化、教育、科技、生态等各方面的振兴，但任何一方面的振兴都是以经济的振兴为基础的。

（1）农业产业结构调整推进乡村产业发展。只有在充分了解当地生产条件，把握生产机遇后，才能够带动当地产业的发展。经济发展都应立足于经济发展的现状，从较低阶段逐步发展到较高阶段。乡村产业的发展也要立足于当地的社会经济条件。农业是乡村产业发展的基础，根据不同区域自然资源和社会经济条件，遵循因地制宜原则进行农业产业结构调整，从而确定该地区乡村产业的基本形态，如为了解决品牌效应不强的问题，可以以当地的风俗习惯、特色节日为依托，挖掘特色产品，通过具有针对性的生产经营方式，进而打造特色产品品牌效应。

乡村产业的发展离不开科学技术的支持。近年来，我国虽然加大科技创新投入力度扶持乡村产业的发展，但由于我国农业现代化起步较晚，农业现代化水平仍与西方发达国家存在较大差距。导致这种差异的最主要原因是当前我国缺乏自主科技创新能力。高级化农业产业主要依靠农业科技的提升，在产业结构演进基础之上，通过技术进步促进农业产业结构向更高水平发展，因此，农业科技创新也将有助于解决乡村产业现代化程度低、科技创新不足的问题，促进乡村产业的繁荣。

大力推进乡村产业的振兴，牢牢把握农业现代化和乡村三大产业的融合发展，建立乡村产业体系，实现乡村产业的繁荣。产业融合发展作为实施乡村振兴战略中产业兴旺的总抓手，有利于乡村资源要素的整合、产业体系的建设、集聚效应的形成以及乡村新型业态的培育。在乡村产业的发展中，劳动人口作为生产活动主体，具有十分重要的地位。当前我国仅有少数城市资本和人力资源流向乡村地区，甚至乡村地区长期单方向向城市输出人力资源。由此可见发展乡村产业所需的人力资源依旧主要来自乡村。农业产业结构调整通过资源的合理利用以及专业化的生产，推动农业产业发展高效化，部分劳动力得以释放，转移到二、三产业。在农业产业结构调整的同时，推动了乡村二、三产业的发展。因此，农业产业结构调整是发展农业产业必不可少的条件，也是乡村产业兴旺的重要推动力。

（2）农业产业结构调整推进农民生活富裕。通过对产业结构优化理论的研究发现，产业结构不仅是经济发展所带来的结果，同时还是经济增长的动力。农业经济发展过程中，各种生产要素合理配置，共同作用于经济。即使是在相同的资金投入、劳动力供给和技术条件下，由于农业产业结构的不同，部门产出成效也大不相同，对农业经济增长的推动水平有所差异。农业产业结构调整在一定程度上对乡村经济的发展造成重要影响。

在乡村产业发展中，通过农业机械的利用和专业化生产降低农民投入成本，并合理利用规模经济，带来规模效益，提升农民的收入水平。通过农业产业结构的调整，从事现代农业生产的劳动者的收入水平将高于从事传统农业生产的劳动者，同时，农业产业结构造成部分乡村劳动力得以释放，并能够自行转向市场收入更高的二、三产业，改变了乡村家庭收入结构，推进乡村农民生活富裕。

（3）农业产业结构调整推进乡村文化建设。为了振兴乡村文化，应该加强乡村与外部世界之间的联系和互动。随着乡村经济的发展，乡村经济的收入和劳动力将转移到如服务业等更具收入弹性的产业部门。通过农业产业结构优化，带动乡村一、二、三产业融合发展。开发乡村特有资源，结合当地历史文化渊源、有标志性的节日活动，发掘特色产业，吸收外界人才，吸引外界投资，加强与外部世界的联系，推动乡村文化产业走向外部。引导农民走向高收入弹性部门，带来农民收入的增加，不仅可以进一步加大对文化建设的投入，同时将有力地促进乡村文化建设，拓展农业文化的作用。

（4）农业产业结构调整推进乡村生态建设。乡村生态建设主要包括：①改善乡村居民的生活环境，营造环境友好、舒适的居民的生活环境；②建设乡村工业清洁设施，避免工业生产污染；③提升生态农业生产水平，确保农产品安全；④治理已经被污染的河流和土壤，确保乡村绿化；⑤建设生态保护区，美化乡村。农业产业结构优化既要提高经济效益满足市场需求，又要注重生态环境的保护，实现现代农业由传统农业向生态农业的转变，保证农业产业稳步发展，这与乡村振兴中生态建设的要求相吻合。

近年来，农业产业结构调整通过发展生态农业和绿色农业，提高生产系统的抗污染能力；加大防污力度，保护农业资源环境。在农业增收、农业发展和生态保护等方面实现多赢。

在土地管理、生活垃圾处理和污水处理等方面需要依靠乡村基础设施建设，由于乡村生态治理需要投入大量的人力和物力，从根本上来说需要大量资金。因此，推进农业产业结构调整，实现集体经济增长，对推动乡村生态建设具有重要意义。

（三）农业产业结构调整的促进策略

1. 做好农业种植生产结构调整工作

基于乡村振兴战略，促进农业产业结构调整，理应做好农业种植生产结构调整工作，积极培育优质农产品。为了实现农产品多样化，满足国民对蔬菜的需求，某省各乡村在积极种植反季节无公害蔬菜，蔬菜质量颇受各地人民的好评，有效提高了本村农业经济效益。反季节无公害蔬菜在一年四季均能够实施供应，满足人们日常生活对各种蔬菜的需求。

无公害蔬菜在配置工作中使用的农药含量更少，与绿色、安全、健康的标准要求相符。基于乡村振兴战略背景，发展绿色新农业，调整农业结构，应将栽培反季节无公害蔬菜作为重点。目前，在各省内，反季节无公害蔬菜已经得到广泛栽培，相关配置技术也被大力推广，有效提高了蔬菜品质，进一步优化了绿色农业生产结构。对此，地方政府及农业部门，理应指导广大农民掌握反季节无公害蔬菜栽培知识与相关技术方法，通过远程教育、现场指导和农业交流会等措施，引导农民在种植反季节无公害蔬菜的过程中，准确把握以下要点：

（1）科学选择优质品种。不同种类的蔬菜自身抵抗病虫害的能力各有差异，因此，在种植反季节无公害蔬菜之前，首先要选择优质品种。要让蔬菜获得高质高产，具备一定的抗逆性，抵御病虫害的侵害，就必须精选质量优、抗旱抗寒能力强、具备抵抗病虫害的菜种，这样方能有效提高蔬菜的成活率，避免出现蔬菜大面积枯死或者冻死问题，减少病虫害对蔬菜质量的影响，确保无公害绿色蔬菜能够健康生长。

（2）做好选地和整地工作。和普通蔬菜相比，反季节无公害蔬菜的健康成长对种植环境的要求明显更高，因此，在种植无公害蔬菜之前，必须做好选地与整地工作，将绿色无公害蔬菜的栽培场地选定到不曾受到污染的区域，与此同时，要确保该区域远离工厂、污水处理厂和人口密集区，这样方能避免反季节无公害蔬菜受到附近污染物的影响，确保绿色蔬菜的健康生长，保证反季节无公害蔬菜内部所含营养充足，能够满足国民的健康饮食需求。

（3）对无公害蔬菜进行定期施肥。要想保证反季节无公害蔬菜的营养质量，就必须做好水肥管理工作，定期为绿色蔬菜施肥，满足反季节无公害蔬菜生长期间对各种有机物质的需求。为了减少肥料对绿色蔬菜质量的负面影响，则需要施入绿色农家肥，合理搭配氮磷钾等不同肥料含量的比例，结合反季节无公害蔬菜的不同成长期，施入相应的肥料，从而充分确保绿色无公害蔬菜的健康生长和营养成分。

（4）科学选择和调整大棚。反季节无公害蔬菜的种植过程中，需要使用到温室大棚及相关设施，并根据需要栽培的蔬菜品种，对大棚内的温度条件进行有效调控，可以在温湿度、光照等方面满足蔬菜的生长，为蔬菜生长提供适宜的环境条件。在选用蔬菜大棚的过程中，要注意精选材料，合理规划大棚的面积，调整好大棚高度，初步完成大棚布局工作后，就要依次配置大棚内部的水电设施与温控设施，改善大棚内的土壤条件，结合所处季节和蔬菜的生长需求，对棚内温度与湿度进行合理调控。

2. 构建智慧化经济模式

基层智慧化农业经济是指运用大数据技术对各类农业数据进行分析处理与整合，为农业经济发展提供更完善的参考数据，达到提高农业经济效益的目标。在基层智慧化农业经济发展中，运用农业大数据技术收集和分析农业生物信息，一是了解农业病虫害问题，准确分析农业经济发展受到蝗灾和鼠害的影响，并根据分析结果制定科学的应对方案；二是运用农业大数据收集和分析农业气象信息，降低气象灾害给农业经济带来的损失，实现水资源、土地资源的合理分化，改善农作物生长条件，做好经济市场信息资源整合工作，准确定位农业产值。

3. 促进农业与生态旅游业的有机融合

在乡村振兴战略下，乡村旅游业发展态势良好，国家带领各地政府建立"中国最美休闲乡村"和"中国美丽田园"，在地方政府的带领下，各乡村旅游景点对传统农家乐运营模式进行了优化与创新，不仅注重建立农家乐，而且修建了高质量民宿，大力发展农业观光园与生态采摘园，同时，以农业文化为根基，设计了丰富多彩的乡村特色文创产品。在此背景下，调整乡村农业结构，提高农业经济效益，应注重促进农业与乡村生态旅游业的有机融合。

此外，农业部门理应认真研究乡村振兴战略和中国农耕文明，了解乡村旅游文化开发利用方案，加强和本地旅游景点的合作，运用优质农产品助力乡村特色旅游业的发展，打造农耕艺术品牌，举办"游农家、住农家、自耕农、品农家"的活动，让游客体验种植农产品的快乐，亲自采摘各种新鲜蔬菜和水果，观光农业基地，用农产品设计和制作文创产品，如竹编工艺品、水果拼盘、木质玩具与家具等，这样不仅能提高游客的满意度，打造特色乡村旅游文化，而且有助于同步发展乡村生态农业和旅游产品，落实乡村振兴战略。

二、乡村振兴战略下的产业结构融合

产业结构融合意味着将产业在内部进行分配，也就是从内部将产业的最终成果进行分配。在乡村振兴战略下，产业结构融合是一个关键的概念，它指的是将传统农业、现代农业以及其他相关产业有机结合，以实现乡村经济的多元化、高效化和可持续发展。乡村振兴战略下的产业结构融合策略如下。

（一）乡村振兴与乡村产业融合的必要性

推动乡村产业融合发展，使农业、工业、服务业交叉融合，能够拓宽农业发展范围，激发乡村一、二、三产业发展活力，带动产业兴旺。

在产业融合背景下，可以催生观光旅游、休闲农业等新业态，实现农业产业链延伸，通过突破产业边界优化资源配置，使农业重心向加工、销售等领域拓展，提升农产品附加值，为实现生活富裕等目标提供支持。通过引入智能化、网络化等技术，加强农业生产管理，落实节能减排要求，打造生态宜居环境，促使农民加强知识、技能储备，实现人才振兴，推动乡村居民文化水平提升，也可以为塑造乡风文明奠定扎实基础。因此，在实施乡村振兴战略背景下，以乡村产业融合为重要举措，能够在推动乡村地区产业协调发展的同时，加快乡村经济高质量发展，为农民带来更多收益。

（二）乡村振兴战略下的产业结构融合策略

1. 注重突出产地和农民的主体地位

农民是其发展的受益人也是其参与者，注重加强对于农产品初加工、交易市场等项目的建设，能够体现产区在工业深度融合过程中的作用。注重技术推广以及培训，构建更加有效的乡村科技支撑。从客观角度而言，乡村能够实现有序发展，与先进的机械工具、农用设施等现代农业科技密切关联。此种信息也是乡村经济能够实现发展的重中之重，也会对传统农业的花费时间长、劳动力增加的情况予以改善。

农业产业融合是建立在技术融合的基础之上的，通过使用先进的工具与科技，能够为大众的生活发展以及农业的有序推进带来改变。农业科技的创新以及成果的充分运用，也会推动产业技术融合的进一步发展，通过采用卫星系统提供天气信号能够推动农业生产活动的有序发展。

注重建设农业公共信息服务平台，促进乡村建设农业公共信息基础设施并且形成更加有影响力的试点基地和地区，这样有助于发挥农业科学技术信息在乡村农业发展过程中的作用，进一步提升信息整合效益，也能够促进其产业技术在本地区的运用。

2. 注重引入社会融资

乡村是乡村地区产业融合的重中之重，是各主体要将之前的行业边界予以突破并实现跨行业的发展，基于分工协作的角度上实现经营。具体分析来看，参加主体并非简单的公司或机构，而是可以促进变革，能够加深行业间的信息堆积并且实现主体的互动协作。

产业融合是体现在企业对于乡村经济发展加入更多的科技支撑元素，企业可以采用科学技术形成更加安全无污染的农业。农产品代谢阶段并非指科技融入，也涵盖了各方面因素，企业可以通过使用各种因素构建环境，也能够打造更多的融入方案，使农民、公司、乡村合作社等各方主体参与其中，建立经济技术合作关系，打造战略联盟，进一步享受到乡村资源的分配和利润。基于此，乡村农业区域的产业融合会有较大的发展潜力，上述经营主体投入的各项经营要素也会发生作用，实现产业融合的多元化形式，也能够推动农业发展有新活力。

3. 完善土地流转机制

对当地的土地流转机制不断进行完善，促进当地的土地流转工作的进行。基于市场价格以及商定补贴的价格保障农民权益，也可以很大程度上将土地资源加以整合，满足新型农业经营主体的技术需求，促进乡村振兴战略的融合发展。

建立健全乡村自然灾害赔偿机制，并且构建有效的经济保障制度，减少乡村因为自然灾害而导致的经济损失，激励农户投入农业生产中的主动性，确保以农民为主体，加强社会融合发展。注重与乡村当地发展相匹配的科技要素，进行充分的投资，由本土专家进行有针对性的教育培训，引进先进技术，加强经验交流，注重投资以及社团发展，达到与当前较为先进的技术的融合。注重提升产业整体的技术含量，这样有助于提升产品总体的附加值，打造全国乡村科技成果交易中心，体现在信息科技与服务业融合发展，推动乡村一、二、三产业的进一步发展。

4. 加强融合支持

当地政府要不断加强对乡村地区三产业的融合发展的支持，为当地三产业的融合发展创造适宜的环境。在乡村地区，乡村要保证政策的到位，确保当地政府的政策可以促进当地的产业融合不断发展，推动当地的农业企业同其他产业的协同发展，给乡村行业融合创造更适宜的社会政治环境，使传统乡村农业发展更好地与城乡建设相结合，政府通过提出发展规划战略、实施优惠补贴、政策调整等，突破传统的乡村农业发展界限，进一步减少对传统乡村农业发展的歧视与偏见，进一步促进乡村要素集成与优化配置，减少乡村农业与其他行业融合的隔阂与界限，实现乡村不同行业的相互交叉、渗透与融合。

实现乡村公共资源的优化配置与良好使用，给行业融合创造更为优良的孕育环境，创造一种协调城乡发展，减少乡村贫困的新策略和促进传统乡村内业融合，实现行业集聚，成为城市规模效应的主要推动力量。政府通过加强对资金投入的支持力度，以强化对其资金流向的动态管理，也就为乡村产业融合的发展提供了物质基础，从而增强整个行业的综合实力和乡村农业的整体发展力。

5. 促进产业共同发展

（1）以农业产业化建设作为重中之重，注重加强乡村与产业的融合发展，促进新型农业经营主体和产业的共同发展，引进更多的专业化人才并且提升管理能力。

第一，注重加强农庄和其他专业大户之间的结合，进一步强化社会参与力量，确保农户以及专业大户能够注重农产品的初加工以及直销，充分利用乡村空房并整合各方面的资源，利用后用来发展乡村旅游，这样可以提高城市家庭农场现代化水平，也能够吸引普通农民真正加入城市、乡村产业发展过程之中。

第二，注重对农业合作社的规范引导，使其各种职能得以充分发挥，引导农业合作社注重向物流配送、市场营销等各个领域进行扩展。为扶持符合相关条件的机构向综合性机构发展，应该从政府政策优惠以及财政补贴等角度，注重加强对乡村合作社的扶持力度，切实有效地将乡村合作社在拓展行业规模、提升抗风险水平等各个角度的功能得以发挥，促进农民合作社的有序建设，进一步提高其整体的经营水平，使农民合作社能够真正为农户服务，实现农民的增收。

第三，注重培养龙头企业，发挥引领作用。要让农业龙头企业在资金、管理、科技等角度的优势得以发挥。加强对财政、税收的扶持，使龙头企业能够注重扩大产业链，实现农产品的精深加工，推动原料基地的建立，指导农民、村民、合作社等主体建立合作关系，发挥其在推动产业融合过程中的作用。

第四，积极引导社会资金投向。应该注重对于社会资本参与乡村产业融合的规则之下，取消对于一些项目的不合理规定，国家所构建的资金支持政策应该平等对待各个项目。

（2）乡村要围绕蔬菜、畜牧业等生产主体构建更加专业、优质的农业生产示范基地，促进政府对于绿色有机食物进行认定，从客观角度上而言，能够进一步提升我国农产品工程质量的管理水平以及市场竞争优势，通过使用有效的政策引导各种类型的企业实现快速发展及集聚，这样有助于推动科技和市场之间的互动，促进龙头企业产业集群的发展，进一步提升整体的竞争力，引导乡村专业合作社的有序发展，推进活动加以规范，保障农户权益。注重培育大型农业龙头企业的力量，建立物流配送中心，以参与到企业的产品交易会之中，加大农产品的出口力度，进一步缓解因为品牌竞争力差而导致销售困难的情况出现。

（3）采取各种措施发展休闲度假旅游，切实促进旅游文化与新乡村发展二者之间的融合。围绕重点景区、工业集聚区的发展，确定目标市场，规划产业发展布局，将文明传播、健康保健等各作用充分整合，培养起能够凸显主体业态、适合大规模发展的观光旅游地，实现休闲旅游门户网站的尽快构建，并主动参与到国家休闲旅游城市的打造之中。实现与新乡村建设的充分关联，注重农产品作为原料进行商品的开发，着重进行宣传。将休闲农业和乡村景区二者之间充分关联，利用全国化、地域化的各种主题节会来切实有效地促进休闲农业有序发展。

6. 加大媒体定向宣传，深入挖掘文化内涵

（1）健全休闲农业产业标准，注重提高其推广力度。为了提高农民休闲产业的质量，确保农业有序发展，乡村高效农业发展应建立在目标市场的基础之上，以旅游市场作为重中之重。乡村的休闲农业产业发展要从各个方面着手，目标是拓展省内外的旅游市场，明确旅游市场定位之后进行推广，进一步提高知名度。

乡村休闲农业产业的大部分经营者规模小并且较为分散，网络宣传及通信是较为低成

本的宣传途径。然而基于个体户的现状，通过政府加强基础设施建设，鼓励打造商业运作模式的网站，促进休闲农业产业发展，对于老年人则要尤为关注，基于其环境优势加强宣传并且能够基于老年人的需求来展开各项目的宣传。

（2）挖掘民俗文化内容。乡村属于各种民俗文化的聚集地，民俗艺术文化又属于非物质文化遗产。现阶段乡村在研究民俗文化过程中，能够将其清晰地呈现给大众，但是并没有进行深度的挖掘，要推动产业融合发展，应该在下一步发展的过程中实现文化的深度挖掘，凸显其文化内涵。

7. 强化"互联网+"工具，连接全市资源促进融合发展

（1）推动乡村第一、二、三产业的融合，意味着要加强基础设施的建设，实现乡村现代产业的有序发展。具体体现在以下方面：

第一，注重乡村基础设施建设。注重水、电、路以及快递等基础设施的建设，完善"最后一公里"快递服务网络的建设，以促进乡村休闲农业和水厕所配套设施的充分结合，提高乡村的生态环境与卫生条件，减少其发展的生产成本，提升对投资商的吸引力。

第二，做好乡村建设。促进乡村地区的信息网络工程建设，健全乡村通信网络以及宽带设施的建设，加快武器覆盖，进一步发展乡村电商，打造乡村电商业务点，推动"互联网+农业"模式的构建，为农民打造更加有特点的平台，确保农民能够充分参与其中，同时要构建全国乡村地区综合的信息服务平台，提供及时到位的服务，以进一步提高乡村地区的信息及资源利用率并实现资源共享。

（2）巩固特色产业基础。将各个行业的资源进行整合并且基于当前的信息化发展有序推进，对于贫困地区而言则应着重对乡村特色产业予以发展，并建立更加完善的资源共享机制来打造产业融合的新途径。因此，要从各个方面打造交通运输、物流、社会保障等相关的配套条件工程，注重对各类工业的规划引导，做好大工业区项目和基地建设，基于科学、有机、无污染的角度，实现有序发展，延长产业链。

根据当地的具体情况，打造优势产业，并且要以其为关键的融入点，促进产业的发展，使用云数据分析、共享经济等新模式，探寻第三产业融入的新行业和管理机制，打破行业组织间的壁垒，实现资源共享。将关注点放在培养和打造主导产业集群效应上，通过将本地的农业特色产业作为重点发展区，基于农业技术创新，发挥互联网的作用，并且促进农产品深加工有序发展，进一步健全农业企业规模，实现链条的进一步延伸。

（3）网络经济也属于比较公平的经济技术工具，能够对乡村地区当前存在的不便之处加以克服，也能够基于其经济发展状况打造有效的途径。乡村基于流通销售端建立农产品专业合作社、众创空间等主体，整合各方面的资源形成品牌，并且统一充分运用网络这一

工具开展微商业务，所以电商平台的经营效益不大。在做好微商业务的过程中，要将"互联网+"作为工具，并在乡村的各类运营服务主体的基础之上，注重构建电商平台，将各方面的资源予以整合并打造品牌，使乡内产品的范围更加广泛并获得效益。同时，为了培养乡村电商人员，要促进乡村经营主体的有序发展，充分地与当前的经济发展相匹配，从农民到经营主体到乡镇，实现各个产业的有序发展。

第二节　乡村振兴战略下的科技推动产业创新

一、乡村振兴战略下的科技推动产业创新诉求

（一）理论诉求

在乡村消除绝对贫困进入相对贫困以后，我国提出乡村振兴战略，乡村振兴战略实施必须依靠科技创新有其自身的理论诉求。乡村振兴战略的经济基础是高度发达的市场经济和信息社会，以高度发达的市场经济和信息社会作为基础的乡村振兴必须依赖科技创新，必须借助科技的力量。

乡村振兴战略基于发达的市场经济与信息社会这一经济基础，要求必须充分重视科技创新的作用，必须以科技创新缩小乡村与城市发展在经济、信息、文化等方面的差距，以科技创新改善乡村基础设施等条件。只有发挥科技的力量，借助科技的作用，才能真正实现乡村产业、人才、组织、文化和生态的全面振兴。科技造就了城市的繁荣，乡村振兴也必须借助和依赖科技力量，科技同样能够造就繁荣的乡村。

（二）实践诉求

1. 产业振兴的实践诉求

乡村产业的发展必须依靠科技才能发展起来，只有借助科技的作用才能实现规模经营和产业聚集。乡村产业的升级换代和产业链的延伸，也必须借助科技的力量，通过注入科技因子，替换传统的污染产业，发展生态农业，并促使产业链延伸，实现农业产业的结构优化和升级转型。

2. 组织振兴的实践诉求

建立健全党委领导、政府负责、民主协商、社会协同、公众参与、法治保障、科技支

撑的现代乡村社会治理体制。科技支撑的现代乡村社会治理体制，就是要突出科技在乡村组织振兴中的作用，构建现代乡村治理体制。

乡村组织主要体现在乡村基层党组织、乡村专业合作经济组织、社会组织和村民自治组织四个方面，这四大组织的振兴都需要科技的支撑。村委会可以运用数字技术提升乡村治理能力，将村委会平台运作好，接入全国一体化在线政府服务端口，实现县、乡、村在线系统协同办公，将乡村重大事件应急管理、政策法规内容咨询、社情民意矛盾纠纷通过平台整合起来，提升线上解决问题能力。

3. 人才振兴的实践诉求

人才的振兴必须通过科技培训，乡村治理、产业发展、文化发展等各类人才有一定的科技水平，才能在乡村各方面的振兴中，发挥自己专长，为乡村振兴真正发挥作用。科学技术只有被人掌握才能促进生产力发展，没有高素质的人才，乡村振兴就失去了建设的主体，应通过科技培训，培养一批新型职业农民，使之成为乡村振兴战略的主力军。同时，通过乡村大学生工程等措施，向乡村输送一批人才。乡村如何留住和用好高素质人才，始终是乡村振兴战略的重要一环。

4. 生态振兴的实践诉求

科技赋能乡村生态振兴可以体现在很多方面：借助科技力量对乡村人居环境和生态环境进行治理，如厕所改造、污水处理、垃圾治理、村庄整治、乡村绿化等；科技服务乡村绿色发展、生态农业；乡村绿色发展示范区建设、农业废弃物技术处理、化肥和农药污染治理、乡村土壤整治、农膜技术推广及废弃物处理、乡村畜禽养殖粪便污染治理、乡村荒漠化和石漠化治理、乡村矿渣治理等。这些都是乡村生态振兴衔接科技服务的重要领域。

5. 文化振兴的实践诉求

在科技服务乡村文化振兴方面，同样有很多衔接点。例如：乡村在文化基础设施建设中，通过科技创新，建设具有科技含量的乡村文化基础设施；大力发展具有科技元素的乡村文化产业；借助科技力量进行乡村优秀传统文化、少数民族文化的保护和开发，使现代科技元素融入其中，如使用数字化呈现技术对乡村优秀传统文化和文化遗产进行保护和开发，做到在保护中开发，在开发中保护，使之成为乡村文化旅游的重要产品。

二、乡村振兴战略下的科技推动产业创新路径

乡村振兴战略的每个方面都需要借助科技的力量，乡村振兴必须以科技创新作为驱动力，科技才能使乡村产业、组织、人才、文化和生态真正得以振兴，这就要求从理论上充

分认识和构建科技创新高质量赋能乡村振兴战略的内在机理。科技创新对乡村产业、文化、人才、组织、生态振兴都具有重要的理论动因，这不仅是实践使然，也是理论逻辑使然。

（一）优化产业结构

第一，科技创新的技术外溢带来正外部性和规模效应，促进乡村产业振兴。在乡村振兴过程中，要突破乡村长期存在的小农意识和自然经济模式的影响，要通过科技创新带来的正外部效应，促使乡村产业集聚和产生规模效应，形成乡村特色的产业集群，促进乡村产业振兴。应充分利用科技创新的正外部效应，产生示范效果，带动更多乡村实现产业集聚，发展符合本地实际的特色产业，实现规模化经营，要走出乡村小作坊经营模式和家庭小规模经营模式，让生产要素集聚，通过规模化生产带来高效益，实现高附加值。

第二，科技创新的配置功能优化产业结构，实现乡村产业由量到质的内涵发展。在乡村产业振兴过程中，应通过科技创新的配置功能调整和优化产业结构，实现乡村产业由量的扩张到质的提升，走内涵式发展道路。产业必须通过科技创新解决，要充分发挥科技创新的配置功能优化产业结构的作用，促进乡村振兴中产业结构的调整和优化，充分释放技术优化促进结构优化的效力，通过结构的优化，生产符合市场需求的产品。要实施乡村产业集约化发展，产业发展过程中要由注重数量向注重质量转变，最终实现乡村产业的发展由量到质的转型。

（二）促进乡村治理现代化和提升乡村治理能力

在乡村组织振兴中，要充分借助大数据技术，发挥互联网的作用，构建乡村政务服务信息大平台，实现乡村基层党组织、村民委员会、专业合作经济组织、社会组织以及村民之间的信息共享，提升乡村基层党组织和村民自治组织在乡村振兴中的治理能力，完善乡村治理体系。

依托大数据技术建立乡村信息服务平台，充分发挥乡村基层党组织和村民委员会在乡村信息服务中的重要作用，组织管理好信息服务平台。应在乡村建立信息服务平台，将科技专家引进平台中，真正实现为农民和农业服务的目的，科技专家通过平台的地理信息系统实时掌握农地的自然数据，为农民的农业活动提供指导方案；通过平台实现政府对农业的管理，使信息服务平台成为乡村的"网上政府"，平台提供的数据成为政府的可溯源数据，确保农产品的绿色、安全。

（三）驱动文化发展

科技创新在乡村文化振兴方面发挥着巨大的作用，为乡村优秀传统文化的传承、保护和发展提供重要动力，如通过大数据技术的切入，让乡村优秀传统文化"活"起来，借助数字技术使传统文化内容通过智能性、交互性、虚拟性和个性化的特征表现出来，增强传统文化产品的传播力、感染力和表现力，使传统文化在新技术下得到激活，以乡村新型文化业态呈现。应通过科技创新让当今基于数字技术的文化业态在乡村发展并繁荣起来，这对于扩大农民就业渠道和信息获取渠道、增加农民收入、实现乡村治理转型、发展乡村新兴业态都具有重要意义，是未来乡村文化振兴的着力点，必将极大赋能乡村文化产业振兴。

在乡村建立一批文化产业聚集区，组建一批区域特色文化产业集团，培育一批具有特色且富有创新能力的乡村文化企业。要充分发挥现代科技对传统手工艺品的改造创新作用，为少数民族传统手工艺品增添现代科技元素，增加产品的创造力，使之更符合现代市场需求。通过科技创新增强文化产品的表现力和吸引力，充分利用数字网络、高清影视、激光显示等新型技术，让乡村地区深埋在地底的"死"的珍贵文物灵活地展现出来，让乡村深邃的传统文化和现代化的声、光、电技术结合，使乡村传统文化和文化遗产借助新的技术展现独特魅力。尤其要充分借助现代高科技的展示手段，使乡村的非物质文化遗产得到全方位、立体再现，处理好文化遗产保护和开发的关系，发展乡村文化旅游，助力乡村文化振兴。

（四）促进绿色发展资源形成

1. 实现环境保护

科技创新推动乡村污染从源头到终点的防治，实现环境保护。在乡村振兴中，应采取清洁生产和循环管理的方式，从源头上防治污染，尽可能消除生产过程中的污染，做好废品回收利用，保护好乡村生态环境。应积极实施环境保护方面的科技创新，做好乡村水源、空气、土壤等污染的防治工作，确保农产品生产安全可靠，确保农产品安全、有机、绿色，为我国食品从田野到餐桌的全流程安全提供有力保障。

借助科技创新的力量，进行乡村绿化与生态景观营造、畜禽粪便无害化处理、秸秆综合利用、清洁能源开发等方面的建设。依托技术手段加强山水林田湖草沙系统治理，还原乡村自然、和谐、绿色面貌，改善乡村人居环境，留住乡愁，促进乡村可持续发展。

2. 提高资源的使用效率

科技创新促进能源和资源的节约，提高资源的使用效率。在乡村振兴中，应通过科技创新和新技术、新工艺的引进，大幅度降低资源使用成本，提高资源利用率，提高产品质量。通过新技术引进找到新的或可替代资源，扩大资源的使用空间，如多开发和使用核能、风能、太阳能等可再生资源。要通过科技创新改变自然经济状态下农业靠天吃饭的状况，解决投入大、产出小的问题，用科技保证农业增产增收，提高农业的劳动生产率。

依托科技创新和技术投入，促进农业由保量增产逐步转向提质增效，依靠绿色技术加速构建资源节约型、环境友好型农业体系，着眼于农业环境改善、农产品品质提升和食品安全等突出问题。加强科技创新在培育新产品与新动能、探索新模式与新业态中的核心作用，满足居民对绿色、健康、高品质、多样化农产品的需求。

（五）掌握科技创新本领

乡村振兴作为一项后扶贫时代解决乡村相对贫困问题的重大战略，必须紧紧依靠人才。要通过各种途径开发好乡村人力资本，培养乡村产业、组织、文化、生态振兴各方面的人才，让乡村振兴战略的各类人才掌握科技创新的本领，真正赋能乡村人才振兴。

重点抓好农民的培训工作，通过培训使农民掌握一定的技能，成为现代化的新型职业农民，为农业现代化打下坚实的人才基础。

加强乡村各类人才队伍建设，选拔和培养好乡村治理的领导人才，尤其要培育好适应村级新型治理体系的"一肩挑"干部，使其成为基层的领路人、群众的贴心人和致富带头人；要进行乡村教育、卫生和农技人才队伍的建设，通过"三支一扶"等优惠政策引进优秀的大学毕业生到乡村工作和创业，充实乡村教育、卫生和农技人才队伍；要充分发挥乡村科技特派员的作用，为其真正服务乡村提供各方面的保障。要健全各类人才机制，激发乡村各类人才队伍的创新力，通过健全科学的人才激励机制、务实的人才培训机制和灵活的人才管理机制，使乡村振兴战略的各类人才充分发挥活力。

第三节　乡村振兴战略下的文化推动产业创新

乡村是中华文化发祥和传承的重要载体，拥有众多的文化遗产和自然遗产。璀璨的中华文化不仅是中华民族生息繁衍的源泉，也是中华民族历经劫难走向振兴的重要支撑。

"文化具有精神指引与引领作用，农村文化产业发展是乡村文化振兴的重要途径。"[①] 加强文化建设就是在充分传承和发扬中华文化的基础上，利用文化自身的功能，为乡村经济社会稳定可持续发展服务，为中华民族的伟大复兴服务。乡村振兴战略下的繁荣乡村文化振兴路径如下：

一、深挖文化特色，打造文化产业品牌

塑造乡村文化产品品牌对于繁荣乡村文化至关重要，要深挖当地乡村文化特色，打造文化品牌。相关人员应将当地风土民情、传统文化同小桥流水、古树老屋等充分融合，发挥文化和旅游的天然耦合性，定期举行具有当地文化特色的文化创新活动。挖掘优秀传统民俗资源，培育具有地方和民族特色的乡村文化品牌。要讲好乡村故事，打响乡村文旅品牌，实现乡村文旅融合产业的可持续发展。

持续推动文化产业赋能乡村振兴，不论是红色旅游还是绿水青山，都要充分结合乡愁，发挥文化的铸魂作用，将当地乡村中的人文历史、民族特色、自然资源与乡村文化产业融合，在保护当地乡村文化资源的基础上传承和创新。聚力打造"一村一品"特色文化品牌，围绕"吃、住、行、游、购、娱"六要素，打造一批"拿得出、叫得响"的乡土文化旅游品牌，并将当地的文化特色传播和推广出去。

二、加大资源保护与传承力度

乡村文化振兴的基础是保护和传承乡村文化资源，发掘和传承乡村文化遗产。要转变思想观念，正确认识文化的双重属性和效益，根据乡村文化资源的不同特点，加强红色遗址、自然遗产地、历史名村、名人故里等抢救性保护，加大对非物质文化遗产的有效保护和活态传承力度，确保文化资源的历史原真性和风貌完整性。

建立有效的保护机制，制定相关的法律法规和政策，为保护乡村文化遗产提供法律支持和保障。加强对乡村文化遗产资源的管理，建立科学的管理制度和有效的管理机构，提升乡村文化遗产资源的管理水平。开展乡村文化遗产保护教育和宣传工作，提高社会对乡村文化遗产的认识和重视程度，倡导全社会共同保护乡村文化遗产。创造性转化和创新性发展，坚持守正创新。以守正为主线，以创新为纽带，重点做好乡村技艺、民间习俗、家风家训等文化资源的传承创新工作。

---

① 李朝晖. 乡村振兴背景下农村文化产业现实困境与创新逻辑探讨 [J]. 农业经济，2023（05）：61~62.

三、扶持乡村文化企业，推动乡村文化产业发展

第一，出台相关扶持政策。政府要根据当地乡村文化特色，制定适应本地区发展的乡村文化发展规划，按照"一个文化产业、一套招引方案、一组骨干力量"的模式，充分调动企业干事创业的积极性，建立完善的市场准入机制，保障乡村文化企业利益。

第二，运用新技术发展壮大乡村文化产业。在原有乡村文化产业基础上，促进文化产业与科技、金融、旅游跨界融合，加快推动数字乡村建设，使乡村数字产业化和产业数字化，以新技术挖掘优势文化产业，以新模式激活文化产业，催生乡村文化新业态，培育新动能，打造新优势，拓展文化产业发展新空间。

第三，推广乡村文化产品。将线上线下相结合，依托新媒体、网络直播等多种方式推广乡村文化产品。因地制宜，结合当地乡村特色，充分利用当地民俗文化、农耕文化等资源优势，把丰厚的乡村文化资源转化为产业优势和市场优势。

第四，打造记得住乡愁的文化产业。乡愁是一种独特的文化符号，是乡村的"魂"。在繁荣乡村文化的过程中，要的是记得住的乡愁，将其打造成看得见、摸得着的具体乡村文化形式。通过深挖乡村文化特色实现创造性转化，既要保护好民间文化、小桥古树，也要留得住风俗民情、传统节日，更好地厚植乡土情结，提升乡村文化自信。

四、补齐人才队伍建设短板

当前，手机已经成为农民的"新农具"，直播带货成为新的农产品销售模式。强化乡村振兴战略人才支撑体系要做到引育并重，坚持将引进外来人才和培养本地人才相结合，营造培育人才、留住人才的良好环境。

第一，加大对乡村文化人才的培育力度。坚持以需求为导向，着眼未来，多措并举，引才、育才、留才，通过开办学习培训班、外地参观考察、组织文化艺术活动等方式，使其开阔眼界、提升能力，让各类文化人才大展才能，培育出一批懂经营、爱乡村的乡土文化能人和一批热爱乡村刺绣、民间乐器的民间技艺传承人。

第二，出台引人和留人的政策，充实乡村文化人才队伍。创新用人机制，优化人才招引举措，多方保障留住人才，提高乡村文化人才工作福利待遇，建立乡村文创人才基地，吸引更多优秀人才投身乡村文化振兴中。

总之，文化因独特而充满魅力，我国自古以来就是农业大国，有着优秀的传统文化。乡村文化是我国传统文化的根底，对于促进我国农业经济发展具有重要意义。相关人员要大力推动文化产业赋能乡村振兴，建立文化产业赋能乡村振兴战略的有效机制，激活优秀传统乡土文化，朝着乡村文化业态丰富发展的目标迈进。

第四节　乡村振兴战略下的人才推动产业创新

人才振兴是乡村振兴战略的关键所在，无论是产业发展还是乡村建设，农业乡村人才队伍都是支撑乡村振兴战略的根本基础，是推动乡村发展振兴的一股重要力量。

一、明确划分乡村人才的类型

乡村人才主要包括乡村实用人才和农业科技人才两大类。

（一）乡村实用人才

乡村实用人才是指具有一定知识和技能，能为农业生产经营，乡村经济建设和乡村科技、教育、文化、卫生等各项事业提供服务的乡村劳动者。主要包括六类：

第一，生产型人才。生产型人才是指在种植、养殖、捕捞、加工等领域有一定示范带动效应、帮助农民增收致富的生产能手，如"土专家"、"田秀才"和专业大户、家庭农场主等。

第二，经营型人才。经营型人才是指从事农业经营、农民合作组织、乡村经纪等生产经营活动的乡村劳动者，如农民专业合作社负责人、农业生产服务人才、乡村经纪人等。

第三，专业型人才。专业型人才是指教育、医疗等乡村公共服务领域的专业技术人员，如乡村教师、乡村卫生技术人员等。

第四，技能型人才。技能型人才是指具有制造业、加工业、建筑业、服务业等方面特长和技能的带动型实用人才，如铁匠、木匠、泥匠、石匠等手工业者。

第五，服务型人才。服务型人才是指在乡村文化、体育、就业、社会保障等领域提供服务的各类人才，如文化艺术人才、社会工作人员和金融、电商、农机驾驶及维修等技术服务人员等。

第六，管理型人才。管理型人才是指在乡村治理、带领农民致富等方面发挥着关键作用的干部和人员，如村两委成员、党组织带头人、驻村干部、大学生村官、乡贤等。

（二）农业科技人才

农业科技人才是指受过专门教育和职业培训，掌握农业专业知识和技能，专门从事农业科研、教育、推广服务等专业性工作的人员。农业科技人才，作为农业现代化进程中不可或缺的一部分，扮演着至关重要的角色。他们的工作领域包括农业科研、农机、农技、农业技术推广以及乡村技能服务等多个方面。

第一，农业科研人才是农业科技体系的核心。他们通过系统的研究和实验，努力解决农业领域的重大问题，提高农业生产的效率和质量。这些专业人员通常在农业大学、科研机构或企业从事研究工作，他们的成果常常转化为新的农业技术和方法，为农民提供更多的生产选择。

第二，农机人才在现代农业中也占有重要地位。他们专注于农机设备的研发、维护和操作，致力于提高农业机械化水平，减轻农民的体力劳动负担，提高生产效益。农机人才的培养和发展有助于推动农业现代化的进程，使农业生产更加高效和可持续。

第三，农技人才则是农业生产的技术支持者。他们具备丰富的农业知识，可以为农民提供种植、养殖、病虫害防治等方面的技术指导。农技人才的存在使农民能够更好地应对各种农业挑战，提高农产品的质量和产量。

第四，农业技术推广人才是将先进的农业技术和知识传递给广大农民的关键纽带。他们不仅需要具备扎实的农业技术知识，还需要具备良好的沟通和教育能力，以便将科技成果有效地传播给农村地区。他们的工作有助于推广新的农业技术，提高农民的技术水平，促进农业生产的可持续发展。

第五，乡村技能服务人才是支持乡村振兴战略的关键一环。他们在农村地区提供各种技能培训和服务，帮助农民提升职业技能，创业就业，改善农村生活质量。乡村技能服务人才的工作有助于实现城乡融合发展，推动农村地区的经济社会进步。

总之，农业科技人才是农业现代化进程中的重要推动力量。他们的工作涵盖了农业科研、农机操作、农技指导、农业技术推广以及乡村技能服务等多个方面，为农业领域的发展和农民的生活质量提升做出了巨大贡献。因此，培养和支持农业科技人才的工作至关重要，将有助于推动农业现代化的持续发展和乡村振兴战略的成功实施。

二、乡村振兴人才支撑体系建设

（一）乡村振兴对人才支撑体系建设的机遇

实施乡村振兴战略，要通过推动乡村人才资源开发、建立健全乡村人才培养保障机制以及完善农民培训教育体系等措施，共同促进乡村振兴战略健康、有序地发展。新时代以来，乡村振兴战略人才支撑体系建设拥有着历史性机遇。

第一，重视乡村人才资源开发。乡村人才资源开发是乡村振兴战略人才支撑体系建设的首要条件。在中国长期的改革实践中，乡村人才资源开发始终是党和国家治国理政的重要方面，党和国家颁布一系列相关政策文件为乡村人才资源开发保驾护航。这些政策文件的大力实施为乡村人才资源开发提供了政策优势与条件。

第二，重视乡村教育事业发展。放眼当今世界，各国要想实现经济的腾飞必须重视教育的基础性作用。对于中国而言，改革开放 40 多年来乡村教育事业的稳步发展为乡村振兴战略人才支撑体系建设提供了充足的教育优势与条件。具体来说，乡村教育发展政策更加注重教育公平，形成了注重城乡统筹发展的以县为主的供给制度，收获了较好的实施成果。

第三，人才制度逐步健全完善。实现乡村人才振兴，离不开有效的体制机制保障。相对城市而言，中国乡村目前的工作和生活环境是艰苦的，所以对于愿意到基层工作的人才更要有配套的人才制度来保障。因此，科学合理的人才制度是构建乡村振兴战略人才支撑体系的重要保障。从中华人民共和国成立之初，时至今日，我国的人才制度已初具规模与体系，涵盖了人才管理体制与人才选用、培养、激励保障制度等多方面内容，形成了党管人才工作体系与运行机制，这为乡村振兴战略人才支撑体系建设提供了坚强的制度优势与条件。

（二）积极培育新型职业农民

乡村振兴战略的实施离不开人才，开展乡村职业教育正是培育新型职业农民队伍的一种重要方式。鉴于此，可以从以下几方面做好相关工作。

1. 牢固树立全局观念，统一领导，分工协作

一批留得下、用得上的新型职业农民是推动乡村振兴战略的重要力量。而新型职业农民的培育靠的是乡村教育。特别是乡村职业教育，因其与乡村经济发展具有密不可分的联系，而成为培育新型职业农民的主要方式之一。新型职业农民培育需要多部门的参与和配合，教育培训机构、经济组织、行业协会等都是新型职业农民培育的重要参与者。因此，只有牢固树立大局观，形成政府统一领导、部门分工协作的工作机制，才能有效推动乡村的振兴。

（1）形成地方政府统一领导、各部门分工协作、具体实施的工作机制。地方政府要对培训机构的培训工作开展情况和农民的培训学习效果进行充分的调研评估，并据此统筹安排各培训机构开展哪些培训项目。

（2）地方政府要出台相应的激励政策，充分调动各方参与新型职业农民培育的积极性。例如，可以为培训工作开展较好的培训机构提供各类优惠政策，支持其发展壮大；为

培训合格的农民提供信贷优惠政策、先进实用技术指导等。

（3）地方政府还应当加强对该项工作的监督指导，将地方的教育资源、资金资源和环境资源统筹起来，调动各培训机构的积极性，发挥其各自的优势，推动培训教育的效果不断提升。

2. 做好顶层设计，合理规划培育工作

新型职业农民培育是一项系统工程。它具有周期长、涉及部门多等特点。只有政府部门加强重视程度，从顶层做好设计和规划，才能确保新型职业农民培育工作的顺利开展，进而取得预期的成果。政府应始终处于主导地位，农业类院校应当作为重要基地，而培训机构应当作为有益补充。

（1）县级政府要摸清本地的经济发展状况、产业结构组成情况、农民的数量和文化水平等，进而对本地区需要的教育培训规模进行评估。

（2）要结合本地的乡村经济现状、农民实际需求和农业发展需要，优化教育资源的配置，科学合理地布局职业院校和农民培训机构，推动各类机构实现优势互补、资源共享，加强协作，形成合力。

（3）各级政府在制定职业农民培育工作规划时，要充分倾听教育培训机构、经济组织、行业协会和农民等的声音，让他们参与到规划制定工作中来，在培育目的、培育方法、培育内容等方面作出科学、合理、可行的规划。同时，要随时接受社会的广泛监督，充分调动各方对职业农民培育工作的参与热情，探索科学、包容、灵活、有序的培育模式，为推进乡村振兴战略的实施提供强有力的人才支撑。

3. 确定培育对象，创新培育内容与方法

在乡村振兴战略实施过程中，农民不仅是重要的参与者，也是主要的受益者。因此，在新型职业农民的培育中，一定要选择好培育的对象。同时，要创新培育方式方法，培训的内容要符合农民的实际需要，培训的方法要有利于农民接受。

（1）在进行培训之前，培训机构要深入开展调研，充分了解本地区的经济状况、产业结构，以及制约乡村发展的因素、农民在生产过程中遇到的问题等。在对调研结果进行充分分析总结的基础上，制定科学的培训方案，选择适合的培训内容和方法。

（2）根据培训的内容进行师资的选择。职业农民培训的内容涉及面广。在选择师资时，不仅要注重普遍性，还要兼顾多样性。可以从农业类院校、农业推广站、农林畜牧局、农业服务机构等各类单位中选择优秀的技术人才组建讲师团。这样的讲师团队不仅理论教学水平高，而且能够在实践中开展指导，可以充分覆盖各方面技术需求。

（3）培训的方法可以更加多样化。①现场培训。在技术需求相对集中的村里设置培训班，在田间地头进行现场技术教学，为农民解答种植和养殖中的各种问题，讲解各类惠农利农的政策，推广先进实用技术，在互动中调动农民学习的积极性，培养农民提出问题、解决问题的能力。②充分借助互联网、广播、电视、报纸、杂志等媒介，将培训内容以通俗易懂、生动活泼的形式传达给农民，使农民可以不受时间、地点的限制，更加便捷地接受培训，实现农业生产和技术学习两手抓。

4. 积极鼓励开展职业农民职称评定试点

（1）突出产业特色、能力业绩，破除多道"门槛"。随着新型职业农民群体不断壮大，职业农民职称评定的作用也越来越明显。但此前，新型职业农民参与农业高级职称评审通过并取得证书的极少。其评价主要是通过职业技能鉴定并取得职业技能证书，以生产类、单项技能评价为主，如植保工、园艺工等。新型职业农民评定工作，应注意以下问题：

第一，明确参评范围，突出产业特色。职业农民职称专业类别、等级设置、名称及申报资格条件力求切合本地农业产业发展、乡村实用人才队伍状况实际。初步开展初级、中级职称评定，名称分别为农民助理农艺师、农民农艺师。

第二，评定对象主要是种养大户、家庭农场、农民合作社、农业企业及农业社会化服务组织中从事农业专业技术工作的骨干人员。评定专业上突出特色，包括种植、养殖、农产品加工等，重点对作物蔬菜、经济林果、畜禽养殖、水产养殖、农产品加工等特色农业专业开展评定。

第三，明确评价条件，突出能力业绩。针对职业农民受教育经历长短不一、但长期精心从事农业生产经营的实际，放宽申报硬性条件，破除唯学历论文倾向，坚持能力业绩导向，重点考察业绩贡献、技术水平、经济社会效益和示范带动作用等。建立职称评审绿色通道，对确有特殊专长、示范带动能力强、业绩贡献突出、获得县级以上与农业相关荣誉称号的人员，不受资历等条件限制，可直接申报中级职称。

（2）创新评定形式，积极完善激励政策。

第一，创新评定形式，突出工作质量。发挥行业主管部门在职称评定中的作用，由各级农业局设立评委会具体负责实施工作，以此推进职称"业内评价"。评审委员会成员则由熟悉农业和乡村经济社会发展情况，具有较高专业技术水平的人员担任。职称评定将采取实地考察、业绩展示、测试答辩和综合评议相结合的方式进行，切实提高评定结果的科学性和公信力。第二，完善激励政策，突出服务管理。本着"服务为主，程序简化"的原则，职业农民职称评定将简化表格填写和证明材料提报。为了激励职业农民，增加职业农民职称政策的吸引力和"含金量"，职业农民参加职称评定不仅不收取任何费用，而且还给予一定物质奖励，对取得初级、中级职称的个人，分别给予相应的一次性补助。新型农业经营主体，取得职业农民职称的人员达到一定比例的，可优先认定为一定级别的示范合作社、家庭农场、农业产业化重点龙头企业。取得职业农民职称的人员在获取项目、资金、政策等扶持方面，在参加培训、推优评先、发展党员、选拔村干部等方面都享有优先权。为确保权利与义务对等，明确要求获得职称的个人应承担相关义务，县级农业主管部门专门建立档案，将取得职业农民职称的人员，纳入职业农民培训师资库，切实发挥乡土专家的作用。

培育新型职业农民是转变农业发展方式的有效途径，是促进城乡统筹、社会和谐发展的重大制度创新，有助于全面提高劳动者素质，加快建设现代农业体系。应紧紧围绕推进农业供给侧结构性改革，紧跟发展新形势，满足农民新需求，推进新型职业农民培育再上新台阶，助力乡村振兴战略的实施。

（三）强化乡村专业人才队伍建设

乡村专业人才是乡村振兴战略的新动能，是乡村经济发展的领路者、是文化传承的继承者、是生态环境的守护者。加强新形势下乡村实用人才队伍建设，大力开发乡村实用人才资源，更好地发挥乡村实用人才作用，是人才工作面临新形势的需要，也是实施乡村振兴战略的需要。充分激发乡村实用人才创业活力，让农业真正成为有奔头的产业，让农民真正成为有吸引力的职业。

1. 增加实用专业人才培育力度

乡村实用人才是"三农"工作队伍中懂农业、爱乡村的主力军，是广大农民中的优秀代表，也是中国人才队伍中的重要组成部分。人才资源是第一资源，是构建和谐社会的重要基础与保证。当前乡村专业技术人才相当匮乏，引进难、培养难、留住难的问题日益突出，严重地制约农业科技、乡村医疗卫生及文化教育等事业的发展。

（1）完善实用专业人才培养机制，有效提供乡村复合型人才。

第一，完善以职业农民为主体的乡村实用人才培养支持机制。要组织实施好新型职业农民培育工程，强化能力素质培训、生产经营服务、产业政策扶持等。要加快研究出台新型职业农民扶持政策清单，把强农惠农富农政策与高素质农业生产经营者挂钩。要继续完善乡村实用人才带头人示范培训机制，把培训内容与培训基地的教学资源特色紧密结合起来，增强培训的针对性、实效性。

第二，完善专业人培养机制。

首先，加快构建满足各类农业人才需求的培养体系。注重各涉农领域人才培养的均衡性，统筹安排好各涉农领域人才的培养。建立"政府主导+高校+社会力量"培育模式，以政府主导新型职业农民培育为主，培养不同层次乡村实用人才；涉农高校搭建学历型乡村专业型人才培育平台，切实培养出更接地气的乡村专业型人才；社会力量举办的专业培训机构通过政府购买培训服务的方式，参与到乡村人才培养中来。

其次，在培养机制建立过程中，注重培养手段的创新。通过建立乡村人才培育师资库、调整培训时间、推行农民田间学校等方式，实现培训与需求有效对接。

最后，针对薄弱环节，强化培养方向的针对性。培养乡村经营管理人才，切实提高其经营管理能力、市场开拓意识；培育农业职业经理人队伍，不断提升生产、营销和内部管理等水平。

（2）建立科学高效的人才发展机制，发挥实用专业人才能力。结合各地实际情况，制定切实可行的乡村实用人才资源开发中长期规划和年度计划，量化分解乡村实用人才队伍规模、质量、培训、教育、考核等指标。在实践中注重总结经验，完善相关政策措施；形式多样地展开工作，加强乡村实用人才培训。遵循"大教育、大培训"的理念，按照"实际、实用、实效"的指导思想，紧扣乡村林果、大棚蔬菜等特色种植养殖、小杂粮开发、基本农田高效开发利用等领域发展所需，利用县、乡、村三级党校（党员活动室）的乡村远程教育、中小学校等阵地，进行阵地培训。要组织一批乡村干部、农民群众赴省、市、县、乡各级各类产业开发、龙头企业等先进典型示范基地，进行面对面、"手把手"式的基地培训。

严格把关，开展乡村实用人才技术认证工作。把乡村实用人才技术职称评审纳入专业技术人员职称评审工作范围。凡是具有一定知识或技能，有专业特长，在促进乡村经济社会发展中作出积极贡献，群众公认的乡村实用人才，经相关部门考察、考核，评定农民技术职称并由当地党政机关给予相应的资金奖励。要建立乡村实用人才技能等级制度，对于乡村实用人才所从事的专业符合技能鉴定要求的，可申请技能鉴定，鉴定合格的由技能鉴定主管部门发给相应的技能等级证书并同时报当地党政机关部门给予相应的经济补贴或物质奖励。通过职称评定、技能鉴定，确实达到标准的再颁发乡村实用人才证书，做到乡村实用人才持证上岗。

（3）细化资助与扶持相统一的服务机制，服务乡村实用人才。要加大对优秀乡村实用人才的帮扶资助力度，调动广大农民务农种粮和带领农民群众共同致富的积极性，吸引更多优秀人才到乡村创业兴业。

第一，实行项目资助，充分发挥乡村实用人才的辐射带动作用。在全国范围内遴选生产技术先进、经营规模适度、生态环境可持续、示范带动作用显著的新型职业农民予以资助，通过资助活动，树立重视农业、尊重农民的良好导向，营造重农抓粮的良好社会氛围，带动周围乡村的经济发展。

第二，出台鼓励政策，扶持创业兴业。把强农惠农富农政策与乡村实用人才挂钩、向乡村实用人才倾斜，逐步使农业支持保护措施由高素质的劳动者来承担，制定乡村产业发展优惠政策，对乡村实用人才领办或创办的各类农业经营组织、企业、基地和家庭农场，在项目申报、土地流转、技术培训、学习进修、税收、信贷、市场信息、生产资料等多方面予以支持，吸纳乡村富余劳动力就业，增加农民收入，推进农业产业化进程。

（4）注重"用才"，发挥"激励"扶持力度，规范管理乡村实用人才。要制定乡村实用人才管理办法，确定乡村实用人才等级标准，采取群众评议、实地查看、现场提问等多种形式，重点考核乡村实用人才的技术水平和实际业绩，严格考核，优胜劣汰，动态管理。考核优秀的予以表彰奖励，考核不合格的应取消乡村实用人才资格，注销乡村实用人才证书；要建立乡村实用人才数据库，对乡村实用人才进行登记造册，建立健全省、县、乡、村级乡村实用人才台账，按照乡村实用人才的专业特长、技术等级分类立档建库；要完善乡村实用人才表彰奖励制度，每年带领农民群众走向共同富裕道路，对做出突出贡献的乡村实用人才，给予适当的表彰和奖励，并形成制度。对作出重大贡献的乡村实用人才，及时推荐申报省、市评选先进；要通过各种新闻媒体、大力宣传乡村实用人才学习科学、艰苦创业、勇于实践的先进事迹，形成崇尚科学文化、尊重乡村实用人才的社会氛围。

大力提升乡村实用人才在乡村经济社会发展中的地位和作用，在全社会形成鼓励乡村实用人才干事业，支持乡村实用人才干成事业，帮助乡村实用人才干好事业的良好环境，促使更多优秀的乡村实用人才脱颖而出。对于拔尖的乡村实用人才，应冲破身份的限制，聘请他们到乡镇农业综合服务站担任技术员，指导服务乡镇乡村产业开发，充分发挥他们的一技之长，推动当地经济的发展。同时，对于那些乡村实用人才中的社会管理型和经营管理型人才，要切实加强管理和引导，并且有组织、有意识地吸收他们到村"两委"领导班子中来，从而充分发挥他们的引领带动作用，全面推动乡村经济发展、科技普及和社会进步。

2. 加强农技推广人才队伍建设，探索推广融合发展机制

农技推广人才是推广转化农业科技成果、开展生产服务的骨干力量，在科技引领农业乡村现代化中发挥着桥梁纽带作用。顺应新型农业经营主体和农业社会化服务组织蓬勃发展的新形势，继续深化基层农技推广体系改革，以农业产业需要、农民群众满意为评价基

准，完善基层农技服务政策，探索建立公益性农技推广队伍与经营性技术服务队伍协调发展的新机制，打通科技下乡"最后一公里"。

（1）创新并完善基层农技推广人才引进培养机制。

第一，创新基层农技推广人才引进方式。基层农技推广人才的引进与配备，要综合考虑当地农业产业特点和规模、工作职责和任务、服务对象状况与分布、服务半径与手段、地域范围与交通等因素，且应当具有相应的专业技术水平，符合岗位职责要求。乡镇农技推广机构招聘硕士或副高级职称以上的专业技术人才，可根据实际情况，由县（市、区）组织人事和农业等部门采取面试、组织考察等方式公开招聘。

第二，完善基层农技推广人才定向培养机制。每年可由省农业厅会同省直农口有关部门、省编办、省教育厅、省财政厅、省人力资源社会保障厅，依托省内高等院校，免学费定向培养一定数量的基层农技推广本科、专科生，加大向贫困地区的倾斜力度。定向培养生的学费由省财政承担。

（2）健全基层农技推广人才服务保障机制。

第一，切实保障乡镇农技推广机构基础设施建设。乡镇农技推广机构的业务用房和必需的工作生活设施，由所服务乡镇提供。强化乡镇农技推广机构服务手段，制定乡镇农技推广机构仪器设备配备标准，配齐配足。配备必要的农技推广服务车辆，纳入公务车辆管理。设立一定规模和相对稳定的农业科技试验示范基地。保障乡镇农技推广机构日常业务经费，每人每年不低于县级一类部门预算水平，并给予重点保障。支持基层农技推广机构面向新型农业经营主体广泛开展农技推广服务。

第二，深化农业系列职称制度改革，继续开展农技推广研究员（农业系列正高级职称）评审工作，并向基层一线倾斜，吸引和激励广大农技推广人才扎根乡村开展服务。开展"寻找最美农技员"活动，宣传弘扬不畏艰苦、为民服务的高尚品德和务实重干、开拓创新的精神风貌。继续发挥"全国十佳农技推广标兵"资助项目的作用，树立正确导向。

（3）创新基层农技服务体系。根据市场经济的发展规律，对现阶段的基层农机服务体系进行公益性与经营性的合理划分。对基层农业技术实行统一行业管理制度，最大限度地整合业内资源，实现资源的优化管理。引导鼓励农民专业合作社、农民企业、农业科研机构、涉农院校、农业示范园区等开展农技推广服务。探索实施农技服务特聘计划，壮大农技服务人员队伍。

将现有的农业技术推广单位新创办的经济实体产业进行有机融合，创建为经营性的基层农技服务组织，并对其机构进行科学延伸，完善其管理机制，围绕经营型展开基层农业技术的推广工作，实现利益共享，风险共担。同时，合理设置农业技术推广机构，实现推广运行新模式在实践过程中的发展与创新，推动农业结构的有效运行，促进农业技术的推广工作健康长久发展。

3. 加强涉农学科专业建设，培育农业科技、科普人才

农业科技、科普人才是推进农业科技创新的主体力量，代表农业科技发展的方向和核心竞争力。农业科研周期长、基础性工作多，需要长期稳定的支持。要根据农业科研规律设计人才培养选拔机制。

（1）积极创新涉农人才培养模式。多措并举，积极创新涉农人才培养模式，不断提升涉农人才培养规模和质量。

第一，加快农林人才培养模式改革创新。推进拔尖创新型、复合应用型、实用技能型农林人才培养改革，重点支持高等农林院校优化人才培养方案，优化通识教育、基础课程、专业课程等课程体系，强化实践教学和选修课、实训课，并根据课程体系及人才培养目标确定授课内容、授课方法，配备相应的师资队伍，构建适应农业现代化建设需要的复合应用型农林人才培养体系。比如安徽农业大学开设"青年农场主班"，积极探索校政企合作、多学科专业交叉培养模式，培养复合型农业人才。

第二，着力优化技能型人才培养模式。政府部门以农业人才需求为导向，积极推进产教融合、校企合作，创新优化人才培养模式。

第三，大力实施新型职业农民培育工程。比如，新疆农业大学构建"把论文写在天山南北"的创新型人才培养模式，开创"乡村领路人工程"，从当地选拔乡村干部，选派农牧民养殖户进入农业大学学习，提高了基层干部群众的科技素质和致富技能；新疆石河子大学建立服务"三农"实践教学模式，使服务兵团新乡村建设与"高等学校教学质量与教学改革工程"进行有机结合，建立具有特色的服务"三农"实践教学模式。

（2）加强创业意识教育，强化农业创业能力培养。

第一，重视涉农人才创业意识教育，大力推进乡村创业创新。①加强创业创新人才培养。从2017年起，农业农村部在全国开展为期三年的农产品加工业等百万人才培训行动，通过理论与实践相结合、课堂讲授与现场实训相结合、线上培训与线下培训相结合等方式，围绕提升创业意识、创业素养和创业能力，在全国培训农产品加工业、乡村创业创新、休闲农业和乡村旅游人才。②加强就业指导拓展就业渠道。通过开展定向招生、定向培养、定向就业"三定向"政策，实施特聘农技员计划等措施，开展创新创业相关教育课程，推动高校成立创新创业教育协会、俱乐部，加强对涉农人才的就业指导，引导涉农院校毕业生到农业乡村一线就业创业。

第二，积极推动各地加强乡村创业创新人才培养，深入推进校企合作，加大对"一专

多能"复合应用型人才的培养力度。通过加强就业指导，开展定向招生、定向培养、定向就业"三定向"培养，实施特聘农技员计划等措施，拓宽涉农人才就业渠道，引导涉农院校毕业生到农业乡村一线就业创业。各地在实践中积极探索，在服务地方经济社会发展的过程中，探索多元化服务"三农"的路径。或以科技创新为支撑点，引领广大农民脱贫致富；或以组织社会实践教育为着力点，培养服务"三农"的高素质创新人才；或以优化乡村发展环境为契合点，推进校、市合作。

（3）优化实践教学环节，有效提升农科专业人才实践能力。

第一，积极推动优化农科专业教学环节，加强农科专业学生实践能力培养。①加强人才培养基地建设。2012 年，联合教育部依托现代农业产业技术体系综合试验站，批准中国农业大学寿光蔬菜农科教合作人才培养基地等 100 个农科教合作人才培养基地，基地建设集人才培养、科学研究、成果转化及推广、大学生创新创业于一体，着力提升农科专业学生解决农业领域生产实际问题的能力。②强化实践教学环节。对农科专业学生的培养目标、课程设置、师资队伍建设等方面提出明确要求，强调农林院校要强化实践教学环节，加强学生的创新创业教育，并根据不同专业特点对实践教学占总学时的比例作出具体规定。联合教育部进一步优化实践教学环节，努力提升人才实践能力，为现代农业发展和乡村振兴战略源源不断地输送高素质人才。

第二，积极推动加强农业职业教育基础设施建设，尤其是实习实训基地建设，使教学与产业发展紧密对接，完善农学结合人才培养模式的督导运行机制。定期举办全国职业院校农业技能大赛，展示农业职业教育人才培养最新成果，树立培养技能型人才的办学价值取向。鼓励青年教师到农业基层挂职锻炼，支持农业院校开展多种形式的农业推广服务，优化农业院校人才评价体系。

（四）充分发挥科技人才支撑作用

1. 构建乡村振兴科技人才体系

目前，我国农业科技人才队伍建设虽然取得了一些令人瞩目的成就。但是，必须统筹解决农业科技人才存在的一系列问题。

（1）深化农业乡村科技人才体制机制改革，坚持联合协作。

第一，要牢固树立人才优先发展理念，下大气力研究破解制约广大科技人员科技创新的体制机制弊端，进一步完善以政府为主导的农业乡村科技人才管理体制，理顺各级业务部门管理体系，构建各级业务部门垂直体系，对各级农业技术人才实行"上对下"的"垂直式"管理，组织人事关系在同级单位，业务工作归口在上级相关部门。通过体制机制创新，统筹协调好中央与地方各级各类科技创新力量分工协作，充分发挥企业等各类农业新型生产经营主体的技术创新和市场主体作用，形成各方面共同发力、协调推进科技支撑乡村振兴战略的新局面。

第二，建立乡村科技人才培养长效机制，重视农业科技领军人才的培养。鼓励农业院校毕业生到基层农业推广机构工作，鼓励乡村年轻创业能人、大学生村官进行农业科技创业，对其开展精准教育和培训；选派优秀农业科技人才到科研院所、高校等挂职学习，参加高层次农业科研工作，支持优秀农业骨干人才主持开展重大农业科技攻关。

（2）鼓励专业技术人才流向基层，助推乡村振兴。全面建立高等院校、科研院所等事业单位技术人员到乡村和企业挂职、兼职和离岗创新创业制度，保障其在职称评定、工资福利、社会保障等方面的权益，鼓励引导专业技术人才流向基层，助推乡村振兴。

（3）不断深化科技特派员制度，壮大科技特派员队伍。当前，我国乡村经济社会发展任务艰巨，为充分发挥农业产业发展优势，深入实施创新驱动发展战略，通过推行科技特派员制度，培育新型农业经营和服务主体，健全农业社会化科技服务体系，加速农业科技成果转化，促进乡村一、二、三产业深度融合，提升农业产业综合竞争力，补齐农业乡村短板，统筹城乡一体化发展。

壮大科技特派员，按照市场需求和农民实际需要，从事科技成果转化、优势特色产业开发、农业科技园区和产业化基地建设以及医疗卫生服务的专业技术人员。支持普通高校、科研院所、职业学校和企业的科技人员发挥职业专长，到乡村开展创业服务。引导大学生、返乡农民工、退役军人、退休技术人员、乡村青年、乡村妇女等参与乡村科技创业。鼓励涉农企事业单位作为法人科技特派员带动农民创新创业，服务区域产业发展。结合各类人才计划实施，加强科技特派员的选派和培训，支持相关行业人才深入乡村基层开展创新创业和服务。利用新乡村发展研究院、科技特派员创业培训基地等，通过提供科技资料、创业辅导、技能培训等形式，提高科技特派员创业和服务能力。在鼓励科技特派员"走出去"开展科技创业和服务的同时，积极引进国际人才以科技特派员身份开展乡村科技创业。

建立和完善科技特派员工作机制和激励机制。普通高校、科研院所、职业学校等事业单位对开展乡村科技公益服务的科技特派员，要实行保留原单位工资福利、岗位、编制和优先晋升职务职称的政策，其工作业绩纳入科技人员考核体系；对深入乡村开展科技创业的，要保留其人事关系，与原单位其他在岗人员同等享有参加职称评聘、岗位等级晋升和社会保险等方面的权利，期满后可以根据本人意愿选择辞职创业或回原单位工作。结合实施大学生创业引领计划、离校未就业高校毕业生就业促进计划，动员金融机构、社会组织、行业协会、就业人才服务机构和企事业单位为大学生科技特派员创业提供支持，完善人事、劳动保障代理等服务，对符合规定的人员要及时缴纳社会保险。

利用好科技特派员的专业特长及派出单位的科研成果，鼓励高校、科研院所通过许可、转让、技术入股等方式支持科技特派员转化科技成果，开展乡村科技创业，保障科技特派员取得合法收益。整合科技特派员资源，通过国家科技成果转化引导基金等，发挥财政资金的杠杆作用，以创投引导、贷款风险补偿等方式，推动形成多元化、多层次、多渠道的融资机制，加大对科技特派员创业企业的支持力度。引导金融机构在业务范围内加大信贷支持力度，开展对科技特派员的授信业务和小额贷款业务，完善担保机制，分担创业风险。吸引社会资本参与乡村科技创业，鼓励银行与创业投资机构建立市场化、长期性合作机制，支持具有较强自主创新能力和高增长潜力的科技特派员企业进入资本市场融资。对科技特派员创办的农民专业合作社等农业经营主体，落实减税和奖补政策，使科技特派员能够下得去、留得住，使科技成果能够到田头出效益，解决科技成果转化"最后一公里"问题。

（4）实施农业科研杰出人才培养计划和杰出青年农业科学家项目。乡村振兴离不开科技支撑。青年兴则国家兴，青年强则国家强。为进一步加强农业科研后备人才队伍建设，激发青年科研人员从事农业科学研究的热情，促进优秀青年科研人员脱颖而出。

农业科研杰出人才计划和杰出青年农业科学家项目的实施，将有利于稳定和发展我国高层次农业科研人才队伍，形成一支学科专业布局合理、整体素质能力较强、自主创新能力较强的高层次农业科研人才队伍，促使农业领域学科建设赶超国际先进水平。

2. 积极完善政策体系

我国要建设世界科技强国，关键是要建设一支规模宏大、结构合理、素质优良的创新人才队伍，激发各类人才创新的活力和潜力。

（1）强化制度创新，有效激发创新创业活力。推进科研机构和科技人员分类评价机制改革，核心是把科技与产业的关联度、科技自身的创新度、科技对产业的贡献度作为评价标准。完善协同创新机制，做强国家农业科技创新联盟，着力解决农业基础性、区域性和行业性重大关键问题。探索科技与人才、金融、资本等要素资源结合新机制，推进建设现代农业产业科技创新中心，打造区域农业经济增长极。

建立以增加知识价值为导向的分配机制，让科技人员"名利双收"，激发科技人员面向市场的创新活力。以兼职取酬、股权期权等多种形式，鼓励农业科研人员在企业和科研院校之间兼职兼薪、顺畅流动。促进公益性推广机构与经营性服务组织融合发展，激发农技人员的活力。

建立健全科技成果评估机制，准确评价市场价值和应用前景，提高科技成果的供给质量和转化效率。搭建科技成果转化交易平台，打通成果供给与产业应用的通道。加快科技成果的集成配套、熟化应用，解决单一成果、单项技术用不了、用不好的问题。

（2）积极实施种业等领域科研人员以知识产权明晰为基础、以知识价值为导向的分配政策。加快发展现代种业，提升自主创新能力，高标准建设国家南繁育种基地。政府工作报告也明确要求，要加快促进种业创新发展。

提升种业科技创新能力，要不断完善人才发展机制，激发科研人员的积极性和创造性。为推动种业科研体制改革，要求强化企业技术创新主体地位，调动科研人员的积极性。

成果转移转化所获得的收入全部留归本单位，纳入单位预算，实行统一管理。给予成果完成人和转化人员奖励和报酬，计入当年本单位工资总额，但不受当年本单位工资总额限制，不纳入本单位工资总额基数。成果完成单位应制定科研成果权益分配相关制度，明确权益分配的方式、比例、时限等事项，细化程序要求。科研成果权益分配应当兼顾科研成果完成人、成果转化人员及科研单位等方面利益和事业发展。种业科研成果权益改革试点，其核心正是通过改革调动科研人员的积极性，解决科研和生产"两张皮"、成果转化"肠梗阻"等问题，通过激发种业科研创新活力让农业插上科技的翅膀，为现代种业发展增添新动能，为我国农业供给侧结构性改革提供有力支撑。

（3）不断探索公益性和经营性农技推广融合发展机制。农业科技服务体系是将现代农业的创新科技成果转化为生产力的重要载体，是实施农业科技创新驱动的重要内容之一。目前，我国基层农技推广组织薄弱，农技推广队伍不稳，人员流失严重；推广队伍知识结构、业务素质不适应现代农业科技的飞速发展。

坚持市场导向，充分发挥市场配置资源的决定性作用，政府着力培育、支持、引导服务组织发展，为农业生产性服务业有序发展创造良好条件。鼓励农业科研人员参与农技推广服务，为推动农业科技人员投身"三农"工作主战场，强化农业科技成果转化，优化农业技术推广服务，为加强农业乡村人才培育提供了有力的政策支持。

加强农技推广体系建设与改革，建立公益性推广和经营性服务融合发展机制，支持农技人员进入家庭农场、合作社、农业企业，提供技术增值服务并合理取酬，提高人员收入。完善农技推广补助项目绩效管理，强化集中考评、网络直播、线上抽查、实地核查，实现全程全覆盖。充分发挥"中国农技推广"App作用，实现专家、农技人员和农民在线互动。

（4）实施农技推广服务特聘计划。结合贫困地区发展特色优势扶贫产业和其他地区农业产业发展需要，在全国贫困地区及其他有意愿地区实施农技推广服务特聘计划，通过政府购买服务等支持方式，从农业乡土专家、种养能手、新型农业经营主体技术骨干、科研教学单位一线服务人员中招募一批特聘农技员，培养一支精准服务产业需求、解决生产技术难题、带领贫困农户脱贫致富的服务力量，支撑贫困地区走出一条贫困人口参与度高、特色产业竞争力强、贫困农户增收可持续的产业扶贫路径，为打好打赢精准脱贫攻坚这场历史性决战提供有力支撑。

特聘农技员的主要服务任务有：一是为县域农业特色优势产业发展提供技术指导与咨询服务；二是为贫困农户从事农业生产经营提供技术帮扶；三是与基层农技人员结对开展农技服务，增强农技人员专业技能和实操水平。

3. 构建乡村振兴科技创新体系

科技进步是驱动现代农业发展的根本动力，农业科技创新能力条件是农业科技进步的物质基础和重要保障。加强促进农业乡村现代化的科技创新服务、推动完善乡村技术创新体系，为现代农业发展提供强有力的技术支撑，为更好地实施乡村振兴战略提供有力抓手。对此，要不断夯实现有的乡村科技创新基础，积极吸引多元主体协同参与乡村技术创新工作，更好地积聚乡村科技创新体系的主体动能。

（1）不断吸引多元主体协同参与，夯实现有乡村科技创新基础。农业乡村科技工作不断取得新突破，实现农业可持续发展，现代农业建设还有较长的路要走。科技创新服务农业乡村现代化，必然要求以人才为核心的创新要素向乡村汇聚。

为了促进农业科学技术的推广和农业现代化发展，我国已经初步建立起了一套覆盖范围广、受惠对象多的乡村科技推广体系。因而，要积极变革现有的乡村科技推广体系，探索建立农技人员合理取酬新机制、强化绩效考评和队伍建设、健全"一主多元"推广体系，推动农技推广信息化、农技推广联盟和农业科技试验示范基地建设，支持基层农技人员进入合作社、龙头企业和专业服务组织开展农业技术推广服务，为农业转型升级、农业现代化发展提供科技保障。

与此同时，在推进乡村科技创新工作时，应该实现多元主体的共同参与、协同行动，既要充分发挥各级政府和相关部门的支持引导作用，也要积极赢得农民和其他社会组织的全力参与和配合。吸引多元主体协同参与，应大力支持农民的自主创新和合作创新行为，并为其实现创新成果转化提供必要帮助；在乡村尝试构建以农业龙头企业、农业生产合作社为主体的科技创新体系；充分发挥农业高等院校的外脑作用，鼓励这些高校和农业类科研机构深入乡村基层，积极了解农民和现代农业的发展需求；涉农类社会组织也有望成为支持乡村科技创新体系建设的重要外部力量，各地应积极引导、充分发挥这类组织的作用。

（2）优化农业科技创新生态体系，健全农业科技创新激励机制。家庭农场主、合作社成员、专业大户及返乡创业人员等是农业科技创新的原动力，迫切需要通过乡村职业技术教育和农业知识技能培训改善其知识结构和能力结构，使其率先成为拥有互联网思维、掌握农业物联网应用技能的"智慧农民"。应加快构建稳定的政策支持体系，整合涉农培训资金和机构，形成培训合力；各地要根据区域特色及资源禀赋，设置专业和课程，采取"农学结合、弹性学制"的教学方式；同时积极研发在线课堂、互动课堂及认证考试的新型职业农民培训教育平台，努力实现技术教育与知识技能培训的移动化、智能化，促使广大农业从业者尽快成为懂科技、会经营、善创新的新型职业农民。

第六章　乡村振兴战略下的产业现代化高质量发展

第一节　乡村振兴战略下的农民思想观念现代化

乡村振兴战略是深入理解和把握中国式现代化内在规律不可或缺的逻辑向度。为此，以中国式现代化为基点，从理论、历史、现实和实践维度全面剖析乡村振兴战略，对于进一步丰富和发展中国式现代化理论与实践的"三农"向度具有重要的理论意义与现实价值。

农民作为中国人口规模最大的群体，推进其思想观念现代化的不断发展是实现农业、农村现代化的内生需求，也是实现社会主义现代化的重要基础。农民思想观念现代化就是使农民抛弃落后、腐朽的旧观念，树立符合现代化精神文明风貌的新观念，让思想文明建设朝着现代化方向发展。

在乡村振兴以实现农业农村农民现代化的大背景下，如何落实到农民对于思想观念、价值取向及人生态度的现代化转变，成为开展乡村振兴战略的出发点和落脚点，这就要求广大农民不单单要在思想上实现现代化，还包含着对现代化科学技术的学习与掌握，逐渐迈向从内到外的现代化进程。实现农民思想观念的现代化不仅表现在物质方面，更要实现在经济、政治、社会、生态和文明各个方面全面发展的思想观念现代化。总之，只有农民整体的思想观念实现现代化，我国国民的整体思想观念才能实现全面的现代化。

一、乡村振兴对农民思想观念现代化的新要求

思想是行动的先导，先进的思想能够指导实践的开展。立足当前，我们要全面建设社会主义现代化强国，就必须推进人民的思想观念现代化，尤其是促进农民思想观念的现代化。只有抓住这个重点任务，我们才能营造和谐稳定的农村社会，农业农村才能加快实现现代化，城乡差距才能逐步缩小，农民才能更好地为实现中华民族的伟大复兴贡献自己的力量。全面建成社会主义现代化强国，实现中华民族的伟大复兴，最为艰巨的任务仍然在

农村。农民思想观念现代化就是我们关注的重点问题，对此也提出了新的要求，即农民要树立积极主动的市场经济观念、农民要具有生命共同体的生态环保理念、农民要具备弘扬良好"三风"①的思想观念、农民要树立"三治融合"的乡村治理观念、农民要具备与时俱进的现代生活理念。

（一）弘扬良好"三风"的思想观念

实现乡村振兴，抓好农村"三风"建设迫在眉睫，这就需要农民群众广泛参与，共同建设"乡风文明"的社会主义新乡村。

1. 树立延续文明乡风的思想观念

文明乡风是建设美丽乡村之"魂"，是乡村无形的软实力，有利于推动农村建设和发展。因此，农民要具备赓续文明乡风的思想观念。

（1）农民要做文明乡风建设的主动参与者。农民要在社会主义核心价值观的引领下，积极参与乡风建设活动，通过学习社会主义先进文化，自觉遵守村规民约，不断规范自身的行为，养成良好的生活习惯，变革自身落后封闭的思想，不断提高自身素质和道德水平。同时，农民应积极参与建设文明乡风相关制度、基础设施等各项活动，并主动发表自己的意见和建议。

（2）农民要做优秀乡土文化的传承者。农民要积极传播和弘扬乡村文化中的精华，挖掘道德典范故事，充分发挥文化阵地的作用，倡导健康文明的生活风尚和生活方式，涵养乡风，建设文明乡风。文明乡风建设是乡村振兴战略的重点任务，为推进农民思想观念现代化，必须使农民具备赓续文明乡风的思想观念，只有这样才能共同建设社会主义新乡村。

2. 树立传承优良家风的思想观念

家风好，社会风气才会好，坚持以传承优良家风的方式来开展家庭建设。因此，要实现乡村振兴必须推进优良家风建设，使农民形成传承优良家风的思想观念。

（1）农民要坚定培育优良家风的信念。要坚定对中华五千年优秀传统文化的自信，主动摒弃各种文化糟粕。立足现实，农民要自觉将优秀传统文化中的优秀品格内化到家风中，创新自己的思维方式，吸收当代家风新的内涵。同时，农民要从内心认同优良家风，自觉主动地传承优良家风，在优良家风的滋养下不断提高自己的文化素养，端正个人作风。

---

①农村三风是指文明乡风、良好家风、淳朴民风。

（2）农民要关注家长和孩子对家风传承的作用。①重视家长的表率作用。家长要带头向孩子讲述家风人物故事，树立榜样，赏罚严明，营造和谐平等的家庭氛围。②增强孩子对家风的认识。家风是一个家庭的隐形教育思想，要不断增强孩子对家风的认识，使他们内化于心，外化于行。

（3）农民要重视家风载体的传承作用。要与时俱进，利用重要传统节日，采取喜闻乐见的形式，传承优良家风，不断修正自己的思想，形成良好的行为习惯，做遵纪守法的现代公民。优良家风建设是乡村振兴战略的重点任务，为推进农民思想观念现代化，必须要求农民具备传承优良家风的思想观念。

3. 树立淳朴民风的思想观念

（1）农民要积极参与移风易俗工作。农民要在移风易俗工作小组和红白理事会的带领下，积极参与农村文化工作，深入挖掘各个村庄的特色，按照村规民约的要求对落后民风进行整治，一级抓一级，层层落实。

（2）农民要自觉成立志愿服务小队。在日常生活中，主动了解村民的不同需求，主动为孤寡老人提供上门服务、为学生辅导作业、为农民提供种植技术指导，用自己的行动倡导淳朴民风的建设。

（3）农村基层组织要加强宣传工作，农民要积极参与。共同营造移风易俗的风气，要制定适合农村遵守的婚丧嫁娶的规章制度，严格监督农民的执行情况，坚持赏罚分明，对于严格遵守规章制度的农民给予奖励，对表现不好的农民予以惩罚。农民要树立科学文明的思想观念，严格遵守各项规章制度，进行各种事务的办理，共同厚植淳朴民风。总之，淳朴民风建设是乡村振兴战略的重点任务，为推进农民思想观念现代化，必须使农民具备发扬淳朴民风的思想观念。

（二）树立"三治融合"的乡村治理理念

乡村是国家最基本的组成部分，乡村治理至关重要。乡村必须树立"三治融合"的治理理念，因为它是在我国基层社会治理的实践和创新基础上形成的，是符合我国农村发展的先进理念，有利于促进乡村治理现代化。

1. 树立主动的乡村自治理念

乡村自治是乡村振兴战略的重要纽带。农民作为乡村振兴战略的主体，他们既是乡村振兴战略的建设者又是乡村振兴成果的享有者。"三治融合"意味着村民自治越来越重要，越来越成为稳固农村基层民主政治的重要手段。这意味着要全面推进农村的民主选举、民主决策、民主管理、民主监督，建设一个融入政治、经济和社会生活的一体化的协商式村民自治，从而调动农民的积极性，促进乡村发展。

（1）农民要牢牢抓住各种优质资源，掌握乡村自治的方法，自觉通过村务公开、村民大会等形式参与农村重大事项的决策，行使自己的监督权，主动监督村干部的行为，杜绝各种腐败现象，从而更加充分地调动自身的积极性，保障自身的基本合法权利，不断形成自治的社会治理观念和主人翁精神。

（2）要坚持农民的事由自己商量着办的原则，充分利用政府和社会组织等平台，积极推广村级组织依法自治事项，鼓励多个主体共同参与村民自治，多方合作，内外联动，努力实现乡村的有效治理。

总之，农民树立主动的乡村自治理念是推动乡村振兴全面实施的要求，也是推动农民思想观念现代化的重点任务，需要我们重点关注。

2. 树立理性的乡村法治理念

乡村社会作为社会治理的重要一环，更应坚持依法而治。"三治融合"意味着法律法规将逐渐渗透到农村的方方面面，坚持用法治来解决农村利益冲突将是我国乡村治理的未来趋势，这就要求农民要树立理性的乡村法治理念。

（1）农民要坚持不懈学法。坚持以宪法为核心，自觉学习宪法，领悟其中的深刻内涵，强化自己的法治观念，从而能够按照乡村发展的要求，依法处理好各种矛盾和问题，最终实现自身法律素养的提升。

（2）农民要以身作则守法。在日常生活和工作中，要明确宪法的地位，厘清权力边界，自觉树立宪法意识，自觉宣传宪法，不断规范自己的行为举止，绝不做违反法律的事情。

（3）农民要坚定不移用法。农民要树立法治思维，遇事直接找法律，自觉使用法律化解农村出现的各类利益冲突，营造人与人之间和谐相处的良好氛围，最终建成和谐稳定的农村社会。

3. 农民要树立自主的乡村德治理念

"三治融合"意味着道德的作用将逐渐得到发挥，树立德治思维理念将有助于推进乡村治理的现代化。在乡村治理中，农民要树立自主的乡村德治理念，充分发挥道德的作用，以德服人。

（1）农民要挖掘农村优秀传统文化资源，做优秀文化的传承者。

第一，农民要树立为人民服务的理念，积极参与优秀乡土文化的开发与保护工作，为农村社会发展做贡献。

第二，农民要不断提升自己的道德素质。在日常生活中，主动接受道德教育和优秀传统文化的熏陶，主动践行德治观念，坚持用德治理念治理乡村。

（2）农民要坚持以社会主义核心价值观为引领，自觉向善向美，主动参与乡村治理，做服务人民群众的好事，从而不断增强自己对农村社会的情感认同、社会认同、文化认同，逐步建设治理有效的乡村社会。农民要树立自主的德治理念是乡村振兴战略的全新要求，也是推动农民思想观念现代化的重点任务，是需要我们在实践中进一步提升的。

（三）更新与时俱进的现代生活理念

新时代，人民群众对美好生活的向往愈加具体，提升人民群众的获得感、幸福感、安全感逐渐成为我们的重要关注点。我们要建设"生活富裕"的农村，必须抓住农民这一主体，满足农民对美好生活的需求和向往。

1. 树立追求"大健康"的生活理念

新时代，建设健康中国一直在路上，它是我们解决民生问题必须要实现的目标。要想建设健康中国就必须使农民逐步具备"大健康"的生活理念。"大健康"是我们在新时代应对各种健康问题都必须具备的理念，是建设健康乡村和健康中国的重要理念。因此，立足农村发展实际，农民必须具备追求"大健康"的生活理念。

（1）农民要树立健康的价值观。健康是个人和社会宝贵的资产，我们要维护好个人健康，做好健康投资。在日常生活中，要健康饮食，注重个人卫生，做好体育锻炼，不断增强自身身体素质。

（2）农民要自觉加强健康教育。借助电视、广播、互联网等各种平台，了解不同类型的健康教育资讯，不断充实自身健康知识，并进行积极宣传和广泛传播，逐步培养健康向上的生活方式。

（3）农民要做好健康保障工作。要自觉缴纳农村医疗保险和农村养老保险，生病要及时就医，不要拖沓。农民要具备追求"大健康"的生活理念，这是建设"生活富裕"农村的新要求，是推进农民思想观念现代化的新要求。

2. 树立追求高科技的生活理念

当今社会处于信息技术飞速发展的时代，高科技正深刻改变着我们的社会。为了更好地适应社会发展，广大农民群众应该树立追求高科技的生活理念。

（1）摒弃闭塞思维，自觉接受新鲜科技事物。农民在日常生产生活中，要树立积极开放的理念，坚持运用现代科学技术从事生产生活活动，建立高科技的农业生产模式，推进农业现代化。同时，要学会应用各类高科技娱乐产品，学习正能量的事物，还可以通过各类电商平台进行直播带货，推销农产品，不断拓宽农业发展渠道，不断丰富日常生活。

（2）农民要树立创造思维，积极开展发明创造活动。农民要在日常生产生活中，注重耕种方式的创新，农机装备的创新研发，结合农村实际，发明更多适应农村社会发展的各类新鲜事物。同时要开启乡村智慧新生活，积极打造智慧农业示范项目，通过智慧农业全域平台，带动农业产业的数字化转型，形成积极向上的新风气。

3. 树立追求高品质的生活理念

立足新时代，人民群众对社会的公平、正义、和谐、民主、安全等方面越来越关注。顺应社会发展需求，需要农民具备追求高品质的生活理念。

（1）农民要具有追求安全环境的观念。农民要树立安全意识，自觉遵守农村安全规范，抵制乱拉电线、违规建造房屋等不安全行为，实现安全生产、安全生活，共同营造农村安全的人居环境。只有这样，农民才能向着高品质的生活努力，才能实现自身的现代化。

（2）农民要树立终身学习的理念。追赶上城市步伐，主动突破单一的素质教育的范围，通过各方面坚持不懈地学习不断提升自己的能力，即可以去职业大学、老年大学等新型学习机构去学习，不断丰富自己的知识和能力。

（3）农民要具有追求自我精神境界提高的思想观念。要在保障基本生活的前提下，探索更加丰富的休闲娱乐方式，如健身、旅游、阅读等积极主动的休闲方式，要学会在忙碌中休息，掌握好生活节奏，在自我价值实现的基础上追求更高品质的生活。

（四）树立积极主动的市场经济观念

1. 树立正确的竞合观念

竞合观念是一种全新的科学发展观，它强调竞争和合作是对立统一的关系，要在竞争中合作，在合作中竞争。在市场经济充分发挥作用的当今社会，农村和农民都必须坚持以市场为导向，紧跟市场变化发展的步伐。

（1）农民要树立正确的竞争观念。农民要观察市场变化，找到合适的农业生产方式和销售方式，自觉参与市场竞争，主动养成良性竞争观念，挖掘商机，掌握主动，占据有利市场。

（2）农民要树立正确的合作观念。农民在生产和销售过程中，要培养合作意识，主动寻找合作伙伴，共同组建合作团队，在合作中扩大农业生产规模，实现农业发展的最大效益。竞合观念是现代社会发展必须树立的观念，农民要发挥主动性，树立现代化的思想观念，了解市场变化趋势，掌握经济发展规律，科学建立农业生产和销售的产业链，努力使自身利益实现最大化，促进农村经济发展。

2. 树立全面的开放观念

农民作为乡村振兴战略的主体力量，必须树立全面的开放观念。

（1）农民要树立"引进来"的思维。

第一，主动引进外来技术和经验。比如：要引进农产品行业领先、发展规模较大的企业的生产、加工、储藏等技术和经验，通过学习和实践，不断提升农产品的质量，建立自己的农产品品牌。

第二，主动吸引外来资本投资。拓宽外资引进渠道，积极引进优良性状的农产品，扩大生产规模，吸引外来资本投资，以获得长久的经济效益。

（2）农民要树立"走出去"的思维。

第一，农民要准确把握市场需求，实行与国际市场接轨的标准化生产，做好农业生产和监管，生产出高质量的农产品。

第二，农民要创新农产品销售渠道，建立对外销售的电商平台，保障线下销售的固定客源，开发线上销售的潜在客源，从而逐步扩大销售范围，实现利润增收。总之，农民必须与时代接轨，坚持对外开放的理念。

3. 树立主动的创新观念

农村人口要实现思想观念的现代化必须推动农村生产方式由"传统"向"现代"转型，农民生产观念向"科学性"转变。乡村振兴战略全面实施以来，我国"三农"工作正在有效开展，农民要适应社会发展就应该树立主动的创新观念。

农民要创新农业生产，实现机械化发展。农民要适应时代发展变化，主动更新生产观念，形成市场思维和科技思维，及时掌握市场变化的动态，分辨出效益高、竞争小的农产品，以现代生产技术为方向，充分掌握新型种植技术和生产技术，实现机械化发展。

农民要积极推动农业标准化创新，保障农产品质量和安全。农民要改变过去杂乱无序的农业生产标准，树立主动意识，充分认识我国农业生产品种、技术、环境、管理、市场的标准，自觉按照国家标准进行农业生产，生产出高质量、高安全系数的农产品。总之，农民必须顺应时代发展，树立主动的创新观念，不断变革自己的生产理念、生产方式和销售模式，实现增产增收。

（五）树立生命共同体的生态环保理念

进入新时代，立足现实，随着乡村振兴战略的全面实施，农民就必须具有生命共同体的生态环保理念，加大生态文明的保护力度，为共同建设"生态宜居"的美丽乡村奉献自己的力量。

作为新时代的农民，必须要学会处理人与自然的关系，塑造并践行生态优先的环保理念，不断提高自己的环保能力。新时代农民必须树立生态优先的环保理念，这是乡村振兴对农民思想观念现代化提出的新要求，是建设美丽乡村和建设美丽中国应该具备的新理念。因此，农民要与时俱进，逐步树立生态优先的环保理念。

我们要树立协调发展的绿色理念，协调好经济与生态的关系，坚决反对为了经济利益而破坏生态环境的思想观念和行为，坚持在保护生态环境的基础上发展经济，坚持在经济发展的过程中注重环境保护，实现二者双向互动。

农民要自觉发展生态农业，树立绿色发展理念，主动学习国家有关生态的政策和文件，充分了解当前的生态环境状况，做到农业生产、农业发展与绿色生态相结合，正确处理经济利益、社会效益和生态效益三者之间的关系，采用健康、绿色的生产方式，生产高质量的绿色产品。

坚持人与自然和谐相处，统筹推进生态价值向经济效益的创造性转化，坚持绿色发展，结合当地特色生态环境，招商引资，打造"旅游+电商"的产业发展新模式，实现生态带动一个产业、促进一方发展的良好局面。总之，农民思想观念要想实现现代化，农民就应该具备协调发展的绿色理念，正确选择绿水青山向金山银山转化的路径，建立农村社会生态效益和经济效益良性循环的发展模式，建设"生态宜居"的农村社会。

二、乡村振兴与农民思想观念现代化的有机统一

（一）农民思想观念现代化是引领乡村振兴战略的内在需要

"三农"现代化的达成是全面推动乡村振兴战略的本质需求，"小农"思想的摒弃，将现代化先进精神文明融入农民的头脑里则是推动农村、农业现代化的重要保障及内在需要。农民整体思想观念现代化的转变在乡村振兴中居于内核地位。思想的现代化需要政策上的指向和思想上的引导，无论农业还是农村的发展，都需要现代化的思想观念来指引。

"产业兴旺"是解决农村一切问题的前提条件，要培养农民树立积极的经济观念，利用社会主义市场经济的优势，在现代化的市场竞争中能够拔得头筹，各地踊跃聚力产业振

兴，挖掘乡村地区的多元化价值，因地制宜地将各个乡村的地域价值、生态价值、文化价值都转化为产品优势、产业链优势、乡村优势，逐步迈向脱贫致富的道路。总之，农民思想观念现代化的转变，决定了"三农"现代化的转变，农民思想观念的现代化决定了乡村振兴更有力、稳固地推进。

（二）乡村振兴是农民思想观念现代化的外在推动力

乡村振兴要高度重视农民思想观念现代化的转化，不断加强广大农民整体的思想素质水平，逐步更新我国农村地区的教育系统，完成中高等教育的大面积覆盖，创建乡村地区各类产业的研发团队，大力培育新型农村职业型人才队伍、新农村创业创新带头人，使得乡村规划建设人才队伍越来越壮大，最大限度地激活农民思想观念的现代化转变。

产业振兴推动着农民思想观念的现代化，在农业现代化的今天，生产设备向机械化靠齐，其中各类机械的操作需要现代化科学技术的支撑，才可以实现产业的迭代更新。信息时代的农业机械化耕种需要有知识、有技术的新型农民，这样不仅可以提高农民收入，缩小城乡收入差距，还可以通过科学技术的有效学习提升思想观念的现代化，奠定乡村振兴现代化的进程需求。

生态作为一切生产、生活的根基，生态振兴助推着农民思想观念的现代化转化。在整个人类社会中，生态是第一要素，乡村振兴战略的全面推动离不开生态振兴。要实现生态振兴，需要向农民群体持续灌输健康的生态观念，让农民群体自主树立"绿水青山就是金山银山"的生态理念。"生态环境"是人类赖以生存的基础，只有将生态基础打牢，乡村振兴才有可能实现，农民需要树立高度的环保意识，始终坚持人与自然和谐共生的发展方式。

组织振兴推动农民思想观念现代化。组织振兴要求必须抓好农村基层党组织规范化建设，大力整顿基层党组织的懒散软弱之风，提升村干部的队伍建设，这就需要从思想上整顿肃清，着力打造高素质、专业化的干部队伍。

三、乡村振兴战略下的农民思想观念现代化的推动路径

（一）增强自觉意识

当前，由于各种客观条件和传统文化的影响，使得农民的思想观念整体上存在一些不适应当前社会的发展要求而导致的落后保守倾向，这就在一定程度上制约着农民思想观念的变革。乡村振兴战略下，我们要实现农民思想观念现代化，就必须发挥农民自身的作

用，发挥农民的自觉意识作用，促使农民改变落后的经济观念、提高生态文明观念和文化道德素质、树立"三治融合"理念、形成现代生活理念。

1. 改变落后的经济观念

农民是乡村振兴战略的主体力量，农村经济要发展，必然要求农民不断更新自己的经济观念，树立积极主动的市场经济观念。农民必须紧跟政策要求，转变落后的经济观念，树立积极主动的市场经济观念。

（1）转变落后的生产观念。坚持以市场需求为导向，定期评估农产品的价值，如综合评估农产品的质量、生产时间、生产效率、生产运输等情况，有针对性、有目的地生产出市场所需要的特色农产品，切记盲目跟风，亦步亦趋。

（2）转变落后的销售观念。①树立正确的竞合观念，要自觉抵制恶意竞争的行为，拓宽销售渠道，形成高效率的产销一体化模式。②树立全面的开放观念，扩大产业规模，坚持"引进来"和"走出去"相结合，与时代接轨，建立强大的市场机制，走出国门，迈向世界。

（3）转变落后的时间观念。在日常生活中要注重实效性，改变过去落后保守的农业生产和发展方式，注重集约化，减少不必要的人力、物力成本，科学地进行农业生产管理，提高效率，实现农业的生产和发展。总之，市场是经济发展的指示灯，要按照市场需求从事生产销售活动，转变农民落后的经济观念，促进农业、农村、农民现代化发展。

2. 提高生态文明观念

农民的生活方式和生产方式会影响农民的生态观念。为了提高农民生态文明观念，必须提升农民的生态化生活观念和生态化生产观念，改变农民落后的生活和生产习惯。

（1）农民要不断提高自己的生态化生活观念。

第一，改变落后的生活习惯和观念。①农民要改变落后的生活习惯，树立绿色健康的生活习惯。紧跟时代步伐，自觉学习国家相关环保政策，充分认识自己的行为习惯对生态环境的影响。在日常生活中，要主动保护环境，坚持垃圾分类常态化，坚持使用清洁能源，坚持随手关电、节约用水……只有这样，我们的生态环境才能变得越来越美好。②农民要树立绿色消费的理念。在日常生活中要坚持绿色消费，尽量购买绿色产品、购物时自备塑料袋、出行尽量乘坐公共交通……坚持绿色消费，从我做起。

第二，农民要不断提升自身生态文明素质。农民在日常生活中，要主动学习国家关于生态建设的政策文件，把生态文明理念落到实处，提高自己的生态文化素质，积极参加生态治理活动。

（2）农民要不断提高自己的生态化生产观念。

第一，开展农业科技知识学习活动。①通过组织开展有针对性的农业技能知识教学活动，让农民主动学习先进的生产技术，形成农民间相互交流、相互学习的良好氛围，从而有效提高农民的生态文明素质。②邀请农业专家下乡讲学，通过实地操作，让农民直观感受现代技术的先进性，从而不断提高自己的农业科技能力。③引导农民利用微信、抖音、快手等网络平台学习农业科技知识，不断提高农民的科技素养。

第二，发展生态农业。在农业生产过程中，要坚持科学生产理念，推广原生态种植方式，减少农药、化肥的使用量，生产出健康绿色的农产品。

总之，农民只有不断提高自己的生态文明观念，才能更好地保护生态环境，建设美丽乡村，实现思想观念的现代化。

3. 提高文化道德素质

乡村振兴，铸魂很重要。农民的文化道德素质的高低影响着乡村振兴战略的实施的成败。立足乡村振兴战略，农民对知识的向往越来越强烈，自学能力和文化素质都有了一定的提升，但相对于城市来说还有一定差距。因此，立足新时代，要解决农民文化素质良莠不齐的现象，要求农民自觉接受农村文化素质教育，提升自身文化道德素质。

（1）农民要自觉接受文化基础知识教育。文化基础知识要常学常新，农民要自觉主动地参与文化基础知识的学习，践行终身学习的理念，在日常生活中要做到坚持看书读书，主动了解最新农业政策，学习不同的知识，不断增加自己的文化知识，提高自己的文化素质。

（2）农民要主动接受理想信念教育。要广泛参与理想信念的专题教育活动，通过学习党的最新理论、最新政策，筑牢理想信念，提高自己的修养，自觉主动地投身于为人民服务、建设美好农村的事业中。

（3）农民要自觉接受社会主义核心价值观的教育。当前是全面开放的社会，各种思想观念纷繁复杂，它们不断冲击着农村文明，农民要自觉接受社会主义核心价值观的教育，提高自身的辨别能力，树立正确的价值观，坚持与不良思想斗争到底。

（4）农民要主动接受思想政治教育。要通过各村图书室、宣传栏，借助互联网和新媒体手段，了解国家的大政方针、最新思想、惠农政策，不断丰富自己的思想认识，共同营造良好的学习氛围，充分感受到国家对农村发展的重视，从而积极响应号召，自觉投身于乡村振兴战略的建设进程中。

总之，农民只有自觉接受文化教育，改变自身存在的落后思想观念，不断提高自己的文化道德素质，才能逐渐形成参与"三风"的文化素养，才能推动农民思想观念现代化的实现。

4. 树立"三治融合"理念

立足乡村振兴战略下，加强乡村治理就要了解乡村治理的发展实际，树立现代化的"三治融合"的理念，以新理念来开展实践活动，不断提高治理水平，营造良好的社会风气，提高农民群众的获得感、幸福感、满足感。

（1）农民要树立自治理念。农民要做乡村的主人，坚持自己的事情自己做主，积极参与乡村治理。①做乡村治理过程中的参与者，通过村民大会，行使自己的权利，表达自己的意愿和诉求。②做乡村治理过程中的监督者，发挥自己的监督权，主动监督村干部的行为，公正地举报乡村出现的各种腐败现象，维护乡村的和谐环境。

（2）农民要树立法治理念。农民要坚持学法、守法、用法，坚持以宪法为核心。①自觉学习国家法律。在日常生活中，要主动阅读法律文件，在学习中加深对法律的认识，不断提高自己的法律素养。②农民要主动守法。坚持以法律为根本准则，在日常生活中，要厘清权力边界，自觉遵守法律，坚决不做违反法律的事情。③农民要主动用法。树立法治思维，遇事直接找法律，用法律解决问题。同时，农民要自觉接受乡村普法活动的宣传和教育，不断改变自己的落后观念，在实践中树立法治观念。

（3）农民要树立德治理念。农民要充分汲取中华优秀传统文化中的德治思想，创造性地运用到乡村治理的实践中去。在继承先辈的德治思想的基础上，坚持以社会主义核心价值观为引领，主动学习中国独特的道德文明思想，启迪自身的道德情感，不断形成热爱祖国、爱护家庭、尊老爱幼、艰苦奋斗、保护自然等优良品质，变革乡村管理途径，坚持以德治村。

总之，要在加强乡村治理的过程中，促进农民思想观念的变革，逐步树立现代化的"三治融合"的理念，为解决乡村治理问题提供思想理论支撑。

5. 形成现代生活理念

生活富裕是乡村振兴战略的出发点和落脚点，强调的是全体人民共同富裕。实现生活富裕是一个动态的长期发展过程，需要一系列的政策来推进，需要农民树立现代化的生活理念，共同为推进农村生活富裕、共同富裕而努力。

（1）树立追求"大健康"的生活理念。在日常生活中，既要关注身体健康，又要关注心理和精神健康，坚持健康文明生活，自觉把"大健康"理念落到实际行动上，积极开展健康饮食，限制高盐高脂肪高糖摄入，加强运动，远离亚健康，不断强健自身体魄。

（2）树立高科技的生活理念，使农民不断提高自身的科技素质和信息素养。

第一，农民要不断提高自己的科技素质。要主动向新科技靠近，自觉接受科技知识的熏陶。村委会要采用农民喜闻乐见的、灵活多样的传播方式，紧跟时代步伐，在利用宣传海报、电视广播等传统媒体的基础上，借助互联网、自媒体平台进行科技知识宣传，还可以采用动画、小品、说唱等形式，鼓励农民积极主动地去学习，在实践中不断使农民增强科技素质，转变思想观念。

第二，农民要不断提高自己的信息素养。①村委会要了解农民的信息诉求，设置本村的微信公众号、微博等官方平台，定时更新，提供精准、全面、及时的信息服务，而且要设置信息服务专员，帮助农民解决日常生活中的信息问题，指导他们正确使用信息资源平台。②农民也要通过各种平台主动学习信息知识，学会分辨信息，自觉抵制不良信息，做好信息安全工作，不断提高自身信息素养。

（3）树立高质量的生活理念。农民在日常生活中要调整自己的基本生活和娱乐方式，摒弃封闭保守思想，树立积极开放的理念，合理规划收入，理性消费，享受生活。

总之，农民形成现代化的生活理念是自身思想观念的一个进步，有利于推进农民思想观念现代化。

（二）加强基础建设

物质决定意识，只有不断夯实物质基础，加强基础建设，才能推进社会意识的变革。因此必须持续加强农村经济、生态、文化、社会、生活的基础，为农民思想观念现代化提供强大的物质力量。

1. 推动农村第三产业融合发展

产业振兴是乡村振兴战略的关键，要想实现产业振兴就必须推进农村三产融合发展。探索实现乡村经济价值的多种形式，纵向上要推进农业生产、加工、销售、消费全产业链发展，横向上要建立农业与生态、休闲、旅游、康养、文化等产业融合发展机制。推进农村三产融合就必须做好政策、资金、技术、人才保障。

（1）制定三产融合发展政策支持。①积极调整关于农业支持补贴和技术补贴方面的政策。优化补贴政策的精准性，根据农业发展情况适时调整农业补贴政策，同时要加强对农业补贴款发放等环节的监督，把补贴款落在实处，避免形式主义。②加大税务和金融支持力度。要降低税收利率，着重解决产业融资、产品物流、通信、水电等基础问题。

（2）建立三产融合发展的资金支持。要设立专项发展资金，政府要加大财政资金的投入力度，建立安全的融资环境，广泛吸引社会资本进入农村，加大农业的多功能开发，深挖农产品的价值，重点推进农产品加工业、休闲旅游业、农村电商业等产业的发展，不断开展深加工产业链。加大三产融合发展技术支持。现代技术是推进产业发展的重要手段，要实现技术创新，可从以下几方面做出努力：

第一，建立与高校的长期合作平台，引进先进的技术来提高产业生产效率，加大产品的附加值，提高产业利润。

第二，鼓励技术创新，坚持以市场为导向，建立保障措施支持团队研发，鼓励发明创造，促进科技成果的高效转化和使用。

第三，加大人才培养与引进。①容下人才，留住人才。建立与高校合作培养人才的计划，邀请产业专家，建立线上线下相结合的培训机制，鼓励农民参与技能学习和培训，转变农民落后的生产方式和生产手段，实现培养、教育常态化。②建优环境，制定严密的薪酬机制和晋升机制，吸引优秀人才返乡发挥自己的价值。总之，农村三产融合发展，有利于建设强大的产业基础，有利于实现农民收入持续增长，从而可以进一步充实农民思想观念与现代化物质基础。

2. 完善农村文化基础设施

随着乡村振兴战略的全面推进，农村"三风"建设活动取得了显著成效，农民对精神文化生活的需求越来越迫切，他们向往更加完善的文化基础设施，享受更加丰富的文化生活。立足农村现实，我们要完善农村文化基础设施，丰富农民的精神生活。

（1）构建全面的农村文化基础设施。要把农村文化基础设施纳入政府工作中，进行统一规划，坚持以财政资金为主，吸引社会资本投资建设农村，以农民需求为出发点构建全面的农村文化基础设施，如加大农村图书馆、体育设施、宽带网络等基础设施的全覆盖，定期开展文化活动，让农民深入其中，体会其中的乐趣。

（2）提高基础设施的利用率。在乡村文化基础设施基本配备的条件下，要避免文化基础设施搁置的现象，要确保农村基层文化设施充分发挥其应有的作用，鼓励农民群众积极参与文化活动，提高有效利用率，扩大文化活动范围，让农民可以享受丰富多样的文化设施和文化活动。

（3）做好文化基础设施的监管机制。建立和完善农村文化基础设施的管理和维护机制。要做好文化基础设施的维护和管理，按照制度要求实行专业人员看管，维护好公共文化场所的秩序，坚持定期汇报监督使用情况，保障文化基础设施的有效使用，让农民群众享受文化的乐趣。总之，只有完善文化基础设施，农民才能更加主动地参与到移风易俗的工作中去，才能自觉弘扬良好"三风"，充分享受丰富的文化生活。

3. 健全农村公共服务体系

只有健全公共服务体系，国家才能有效地解决民生问题，才能建立一个文明社会。农村公共服务体系有着非常广泛的范围，既包括基本吃穿住行的生活设施，又包括各种科教文卫事业的建设。我们要不断健全农村基本公共服务体系，争取让农民享有充分均等的公共服务。因此，我们必须不断健全农村公共服务体系。

（1）构建低耗时、高效率的农村公共服务融资体系。公共服务的建设需要资本，它既可以通过政府的财政预算供给，也可以通过政府的力量筹措社会资金来进行供给。建立广泛的资金渠道，既要吸收财政资金，又要充分吸收外来资金，实现二者的联合，共同建设完善的农村金融市场，形成低耗时、高效率的融资体系。只有这样，解决农村民生问题才有资金保障。

（2）构建以农民需求为导向的农村公共服务供给体系。要充分了解农民的需求，对农民的问题和需求实行"一事一议"，根据需求来供给公共产品。加大农民参与农村公共产品供给决策的力度，即在教育、医疗、社会保障等民生问题方面要听取群众的意见，找出良好的解决办法，满足群众的需求，建立政府与农民之间共同决策的机制，减少因不了解农民需求而造成公共产品的浪费，实现农村公共产品的有效供给。

（3）完善农村公共服务评价和监督体系。制定评价标准和监督准则，鼓励农民参与政府行为的评价和监督，让农民充分了解公共服务资金去向，最终实现公共财政的公正性。总之，只有建立多元主体参与的农村公共服务体系，才能更好地改善农村民生问题，才能推动农村经济持续健康发展和农民思想观念现代化。

4. 创新农村社会治理模式

在新的历史时期，创新农村社会治理模式，探索新的治理出路，是开展农村治理工作的重要任务，是实现农民思想观念现代化的社会基础。

（1）坚持以建强基层党组织为核心。①明确基层党组织的职能，分清楚领导职能和行政职能的界限，改变传统单一的领导模式，强化社会管理和公共服务的职能，创新工作方式，实现制度和机制的新突破。②了解社会组织和农民群众的需求，强化为人民服务的理念，打造专业化的治理主体队伍，可以通过社会公开招聘，制定岗位要求，挑选一批专业化的乡村治理人才，开展精准化管理和优质化服务，在治理过程中逐步实现治理能力和水平的提高。

（2）充分调动社会组织参与乡村治理。①消除政府与社会组织对立的旧观念，发挥桥梁纽带作用，积极参与乡村民主法治的建设。②积极参加乡村文化治理工作，主动向广大农民提供公共服务，争取做文化治理的引领者，积极为乡村治理做贡献。

（3）鼓励农民参与乡村治理。①积极吸纳农民的意见，了解农民需求，尊重农民的主体地位和首创精神，鼓励农民群众自主管理村级事务，自主参加公共服务工作，共同参与乡村治理体系的建设。②建立好农民权利和利益的保障机制，让农民可以无后顾之忧地参与乡村治理。总之，要在厘清乡村治理主体之间关系的基础上，实现多元治理主体参与乡村治理的协调性，促进乡村治理的现代化发展。

5. 开展农村生态环境治理

（1）在政府的主导下，加大生态环保资金和科技的投入。政府应根据农村生态实际情况，合理下放资金和提供技术支持，加大力度建设农村污水排放设施、垃圾处理设施、空气净化设施等，同时要引进科学技术，高效率地处理农村污染物，并定期检查落实情况，防止形式主义等现象。

（2）完善农村污染防治相关立法。针对目前农村出现的环境问题，合理划分法律责任，严格处理违法行为，重点关注农村污染企业的行为，督促它们转型升级。各级村委会也要根据本村实际情况建立详细的规章制度，指导监督村民的行为。同时，要构建农村专门的环境治理队伍。在借鉴国内外生态环境治理经验的基础上，鼓励村民参与村规民约的制定，引导农民树立生态道德观念，自觉参与环境治理。定期开展环境治理课程，培养环境治理人才，构建专门的环境治理队伍。

（3）发挥新闻媒体对农村生态环境治理的监督力度。①真实、客观地反映存在的现实环境问题，如严格反映企业污染问题、生态资金落实情况等，加大对违法行为的曝光力度；②反映群众的生态需求，做好"传话筒"工作，尽可能地满足群众的利益诉求。

（4）定期开展环保专题教育活动。基层政府要定期开展环保教育活动，建立专门的生态文明宣传的线下平台和线上平台，如每个月召开一次村民大会，向村民普及环保知识，让村民积极发言，提出自己的观点和利益诉求，村委会根据实际情况解决村民提出的问题，满足村民合理的需求。村委会也可以邀请社会环保组织和大学生环保团体来村里对农民进行环保知识的普及，丰富农民的环保知识，强化农民的环保理念。总之，要在生态环境治理的基础上，了解并满足农民的生态诉求，建立生态宜居的农村社会，加快推进农民思想观念的现代化。

（三）强化硬支撑

农民思想观念现代化的实现，不仅需要个人努力，还需要不断强化硬支撑。要坚持以政府为主导，加快资金支持力度，立足培训内容和培训方式，开展高质量的教育培训，为农民思想观念现代化提供强有力的外部支持。

1. 提高政府主导的实效性

农民要实现现代化就必须推进农民思想观念的现代化，这是一个必要条件，需要在政府的主导下才能逐步实现。推进农民思想观念现代化，需要提高政府主导的实效性，正确处理好政府与农民群众、政府与社会主体、政府与自身的关系，把握好基本平衡，从根本上建立一个政府、社会、农民三者之间的良性互动的作用机制，共同推进乡村振兴战略的实现。

（1）政府要正确处理好与农民群众的关系。政府在发挥自身主导作用的同时，要重视农民群体的主体作用，让农民群众深刻认识到自身在推动乡村振兴中的重要作用，变革农民落后腐朽的思想观念，培育一批奉献农村事业的新型农民，促使他们共同为推进乡村振兴战略的实现奉献个人的力量。

（2）政府要正确处理好与社会主体的关系。乡村振兴战略的实现是一个长久的过程，应在发挥政府主导作用的基础上，吸引社会各界主体广泛参与乡村振兴战略的伟大实践。政府要通过各种优惠政策和措施来动员整个社会的力量，使之形成合力，并整合社会资源，建设好参与渠道，激励社会力量的积极参与。

（3）政府要正确处理好与自身的关系。政府要自觉转变职能，提升为人民服务的意识，坚持从人民群众中来到人民群众中去的基本理念，加强与农民群众、社会各界的联系，不断提高人民群众的幸福感，建设高效便捷的服务型政府，真正做到为人民服务。

总之，我们要加快农民思想现代化的实现，逐步提高政府主导的实效性，建立一个以政府为主导，农民群众和社会主体广泛参与的体制机制，建立三者的有效联结，共同推动乡村振兴发展。

2. 构建全方位的资金支持

资金是一项工作开展最重要的基础，没有全方位的资金支持，工作就会很难开展。提升农民思想观念现代化，我们必须构建全方位的资金支持，建立以政府财政资金为主导，多元吸收社会资金的新模式。

（1）政府要加大对农民思想观念现代化的财政支持力度。从古至今，农民对政府都有着明显的依赖性，他们主动实现变革的情况相对较少，大都是在政府的推动下进行自我变革的。政府要立足农民的现实情况，成立农村地区思想观念变革的专项资金，加大农村地区教育、宣传、培训资金的支出，通过广泛的教育活动，实现农民思想观念的变革，推动农民思想观念现代化。

（2）建立完善的社会资金流入渠道。农村的发展离不开资金的支持，农民思想观念要实现现代化，更需要资金的支持。因此，农村基层组织要建立社会资金流入渠道，既可以通过设立提升农民思想观念现代化的基金会来广泛吸引民间资金，还可以直接开展专项的农民思想观念现代化的活动来吸引资金。总之，促进农民思想观念现代化需要大量的资金支持，我们必须建立以政府财政资金为主导，多元化吸引社会资金的新模式，广泛吸收资金。

3. 开展高质量的教育培训

中国是一个农业大国，农民占我国人口的绝大多数，农民现代化程度影响着整个国家的现代化进程，必须要通过开展高质量的教育培训，变革农民落后的思想观念，推动农民现代化发展。

（1）建设高素质的师资队伍。通过完善教师人员组成队伍，建成以基层干部为引领，广泛吸引高素质人才的队伍模式。①提高基层干部的素质，定期评选具有明显进步性的党员干部，鼓励他们分享经验，并深入群众开展有针对性的教育培训活动。②通过营造良好的社会环境，吸引民间志愿者、民间小团体等高素质人才到农村地区开展免费的讲座活动，把他们的先进思想理念传递给农民，让农民思维更加开阔，从而不断丰富农民的思想认识和精神世界。在此基础上，培育专业化的师资队伍，开展高质量的农民教育培训，推动农民思想观念的变化，促进农民发展。

（2）开发实用的精品课程。要在充分了解农民需求和问题的基础上开展对农民的教育培训，采用农民喜闻乐见的方式，如主题电影的放映、音乐的熏陶等方式，开发实用课程。①可以根据农民的普遍需求，贴近现实地设计精品课程，积极开展农民技能培训和思想观念教育，不断增加农民的技能，变革农民的思想观念。②可以立足农民普遍出现的问题，设计有针对性的精品课程，采用农民喜闻乐见的教育培训方式，开展务实精神、法治观念、生态观念等教育，使农民提高自我认识。

（3）做好评价反馈信息收集和工作改进。实现教育培训全过程可追溯可跟踪，通过收集基层干部和农民群体的评价反馈信息，了解教育培训过程中出现的优势和不足，在发扬优势的基础上不断改进不足，实现教育培训质量效果最大化。总之，高质量的教育培训需要师资队伍、精品课程和评价反馈来共同助力，只有这样，教育培训质量效果才能实现最大化，农民的思想观念和专业技能才能不断提升，农民才能更加接近现代化。

4. 实施全面化的培训内容

思想是行动的先导，农民只有不断推进思想观念现代化，才能更加热情地参与到乡村建设中来，农业农村才能更好地向前发展。因此，我们必须实施全面化的培训内容，加大对农民的宣传教育。农民思想观念现代化是一个抽象概念，要实现其现代化，就要了解它的目标要求。立足乡村振兴大背景下，农民必须树立更加先进的经济、生态、文化、社会治理和生活理念，这就要求培训内容必须贴合这五个方面：

（1）积极开展志智双扶。志智双扶适用于全体农民，既要推动农民转变思想观念、意识、想法，又要加强农民对先进知识、科技的运用，促使农民群众在建设美丽乡村的进程中变革思想、改善行为。要对农民开展现实技能的培训。在田间地头开展培训，在实践中让农民充分掌握先进农业的生产技术和专业方法，从事生态农业，获得持久收益。

（2）加大农民的生态环保知识的宣传教育。基层组织要发挥领导作用，通过开展生态知识讲座、生态环境治理等活动，让农民了解更多的生态知识。

（3）大力开展普法教育宣传活动。要选取农民感兴趣的、接近农民自身的法律内容，采用农民喜闻乐见的形式开展法治教育活动。同时，要设立专门的法律咨询部门，解决农民日常生活中遇到的法律问题，使农民自觉摒弃落后观念，培养农民的法治理念。

（4）加强农民的素质教育。要积极落实农村义务教育，重视优秀传统文化的作用，鼓励农民借助村内图书室、互联网等方式来加深理论知识。同时，也可以通过老年大学、职业技术学校来不断丰富农民的思想认识，丰富农民的业余生活，提高农民的文化素质。

（5）加强现代生活理念的认识。社会是向前发展的，农民也要向前看，要不断变革自己落后的思想观念，树立现代生活理念。在农村，要开展现代生活理念的主题讲座、广告宣传，让农民充分认识现代生活理念，在思想上得到变革，在行为上坚持实践。总之，只有实施全面化的培训内容，农民思想观念现代化的培训才能有效开展，农民的思想观念才能加速更新。

5. 采用多样化的培训方式

要想高效率地完成工作，就需要根据实际情况采用多样化的方式方法。农民思想观念现代化的实现是一个长久的过程，可以通过培训教育来加速它的实现过程，这就需要结合农民的现实需求，打破时空界限，借用新科技、大数据等形式，采用"线上+线下"双向结合、理论与实践深度结合、"请进来"与"走出去"创新结合的培训方式。

（1）采用"线上+线下"双向结合的培训方式。①在保留原有课堂教学的基础上，借助互联网，发挥企业微信、钉钉等新媒体平台的作用，开展线上教学与培训。②根据人工智能和大数据，科学分析农民思想观念的需求，开展有针对性的培训，满足农民的个性化需求。③形成固定课堂和线上课堂、流动课堂和田间课堂相互结合的新培训格局。

（2）采用理论与实践深度融合的培训方式。农民思想观念现代化的实现既需要理论支持，又需要实践技能的落实。农村基层组织可以邀请专家讲学，也可以邀请本村的农业大户来分享经验。采用科学的培训方式，在农业淡季开展理论学习、农业旺季开展技能学习。

（3）采用"请进来"与"走出去"创新结合的培训方式。①积极邀请专业人员，如农业技术专家、产业大户到农村开展指导教学，传授更多先进的知识和技能，不断推进农民思想和行为的变革。②鼓励农民走出去，通过参观农业示范基地、产业基地等现代示范区，让农民直观地感受到先进技术、新型理念在实际生产生活中的广泛运用，从而不断提高自己的认识，向优秀看齐，变革自己的思想和行为。农民思想观念的培训要采用灵活多样的培训方式，立足农民需求，开展广泛的培训活动，推动农民思想观念现代化。

第二节 乡村振兴战略下的乡村就地现代化

一、农村就地现代化的必要性

农村现代化是包括政府、学界在内的社会各界关心的一个课题，业界也提出了很多关于农村现代化的思路，主要倾向是农村城市化、农业工业化、农民市民化。农村现代化不应局限于某种单一模式，其中包括就地现代化的道路。"农村就地现代化道路是中国农村基于现实情况的现代化道路选择。"① 就地现代化的道路，就是指农村居民利用近现代工、农业科学技术，提高农村生产力水平，发展农村经济，优化农村社会结构，逐步缩小城乡差别，最终实现城乡共同现代化。只有这样，才能使我国农村实现经济、社会、文化的现代化，让广大农民变成具有现代观念的"新民"。

第一，农村就地现代化对于改善农村居民的生活质量至关重要。长期以来，农村地区的基础设施和公共服务相对滞后，这导致了农村居民的生活水平远低于城市居民。如果不实现农村就地现代化，农村居民将继续面临交通不便、教育医疗资源匮乏等问题。通过改善基础设施建设、提高农村教育和医疗水平，可以让农村居民享受到更好的教育、医疗和交通资源，提高他们的生活质量。

第二，农村就地现代化对于国家的粮食安全具有重要意义。农村是粮食生产的主要区域，如果不实现农村现代化，农业生产将受到严重制约。随着人口增加和城市化进程的加快，社会对粮食的需求不断增加。只有通过提高农村农业的现代化水平，才能保障国家的粮食供应，确保农民的口粮安全。

第三，农村就地现代化对维护社会稳定具有重要意义。农村地区的发展滞后和资源分配不公是社会不稳定的隐患。如果农村居民长期得不到公平的待遇，他们可能会产生不满情绪，甚至引发社会矛盾。通过实现农村就地现代化，可以改善农村居民的生活状况，减少社会不平等，有助于维护社会的和谐稳定。

---

① 萧洪恩. 城市化之外：中国农村就地现代化道路探析 [J]. 理论月刊，2015（05）：5.

第四，农村就地现代化还有助于促进农村地区的经济发展。现代化不仅包括基础设施建设，还包括农村产业的升级和创新。通过发展现代农业、农村旅游、农村电商等新兴产业，可以为农村地区创造更多的就业机会，促进农村经济的繁荣。

总之，农村就地现代化是当前中国农村发展的迫切需要。它涉及农村居民的生活质量、国家的粮食安全、社会的稳定和农村经济的发展等多个方面。政府和社会应共同努力，加大对农村现代化建设的投入和支持，为农村地区带来更加美好的未来。只有实现了农村就地现代化，才能实现全面建设社会主义现代化国家的宏伟目标。

二、乡村振兴战略下的农村就地现代化发展路径

（一）发展现代农村经济

明确地把握现代化进程所处的阶段以及前进的方向，只有充分认清自身的情况，才能扎实稳步地推进现代农业的发展。结合自身的特点，农村现代农业应该采用不同的方式。转变农业生产方式，围绕现代化的农牧业，发展生态农业、观光牧业、文化旅游业，使一些涉农产业实现生产力的升级换代。

第一，改变传统的农业生活方式，结合现代生活方式的特点，研制推广一系列环保、绿色、保健的农产品，增加农产品的附加值，提高农牧民的经济效益。

第二，建设一些现代化经营的牧场，在发展牧业的同时，开发一系列新的、有品牌的旅游线路，实现牧场价值的多重利用，创造更好的经济效益。

第三，统一规划原有的细碎的田地或牧场，突出经济发展的规模化效应，促进种植业、养殖业的品牌化、集约化发展。这不仅可以打破原有的落后种养殖技术和单一的产品格局，更能够让农牧民从原有的落后技术、保守思维向先进技术、创新思维理性过渡。

第四，增加农牧业的竞争力，同时降低农牧民面临的市场风险，农牧民也会更加积极主动地寻求新的科学生产技术、新的经营方式，并将之转化为具体的技术产品，由此不断往复，形成一种良性的循环发展模式。因此，农村仍然要大力发展乡镇企业，使其成为广大农村经济现代化发展的重要推力。对于乡镇企业应该着重合理开发与重组，大力发展科技含量高、可循环利用、绿色环保、由政府规划统筹的新型乡镇企业。乡镇企业不但可以吸收大量的农业剩余劳动力，而且可以充分地利用农村的闲置资源，推动农村经济的稳步前进。

（二）现代文明升华农村社会

现阶段，用现代文明改造、升华传统社会，即用一种新的现代文明取代传统的乡村文明。应该围绕发展这个主题，做文明文章，包括农村经济的发展，提高农民的素质、思想

道德建设、民主管理等方面。在提倡传统乡风文明的同时，要注入现代意识，用市场、开放、创新、民主的思想改造传统乡风文明。一切以发展为主，切实地提高农民收入。

只有发展了，农民才有足够的信心、精力、财力来提升自己的素质，才有积极性来促进乡风文明的建设。现代乡风文明建设，应该本着一种以人为本的价值观念，使农民真正成为农村的主人。"乡风文明"建设的最终目的是使整个农村文明起来，以满足农村、农民、农业发展的需要。

（三）充分利用政策与资金支持

第一，充分利用国家关于新农村建设的各项优惠政策。按照"生产发展、生活宽裕、乡风文明、村容整洁、管理民主"的原则，长期稳定农村的基本经营制度，保障农民的土地承包权益；全面深化农村改革，增强农村发展活力；逐步扩大公共财政覆盖农村的范围，加大对农业和农村发展的支持力度；充分发挥农民的主体作用，调动农民的积极性和创造性；着力解决好农民最关心、最迫切的问题，让农民得到实实在在的利益，坚持不懈地建设社会主义和谐新农村。

第二，充分利用国家的资金投入和金融信贷支持，加快基础设施建设，大力改善投资的软环境，加强生态环境保护和建设，巩固农业基础地位，调整农业结构，发展特色旅游业，发展科技教育和文化卫生事业，发展有特色的高新技术产业。利用国家的税收优惠政策，大力发展一批新型生态农业、绿色农业、旅游牧业等农业发展产业链，进一步扩大外商投资领域，进一步拓宽利用外资渠道，大力发展对外经济贸易，推进地区协作与对口支援，推动该地区的全面发展。

第三节　乡村振兴战略下的乡村治理现代化

一、乡村治理现代化

（一）乡村治理的内涵

乡村治理就是乡村治理多元主体之间通过一定的关系模式或行为模式，共同推动乡村经济、政治、社会、文化和生态建设的一个动态的过程。乡村治理理论的内涵主要包括乡村治理主体的多元化、治理权力配置方式的多元化、治理目的的公共利益最大化及治理过程的自主化体现在四个方面：

第一，治理主体多元化。治理主体多元化是治理理论的首要内容。治理理论特别强调治理主体的多元化，除政府外，治理主体还包括其他民间组织和公民个人。在乡村治理中，乡村治理资源的多元性形成了乡村治理主体多元性的存在。乡村治理主体不仅包括正式的权力机构——政府，还包括乡村内部各种得到村民认可的权威组织机构。

第二，权力配置多元化。在传统的乡村管理理念中，人们习惯性地认为只有政府掌握着管理公共事务的权力，公共权力的运用呈现出"自上而下"的单向性运行，但是治理理论却打破了这一定向思维，提出了权力依赖与权力的多元化配置。当前，乡村治理权力配置开始由传统的"自上而下型"向"自上而下与自下而上统筹结合型"过渡，广大乡村居民能够积极参与到乡村治理进程中，群众呼声与群众意见越来越重要。

第三，治理目的的公共利益最大化。乡村治理的目标非常明确，就是实现对乡村公共事务的管理，实现乡村社会公共利益的最大化，即乡村治理以实现公共利益的最大化为目标导向。乡村公共利益是政府与乡村民间组织、私人机构，甚至是村民个人合作的前提。治理理论打破了政府活动代表公益、私人和其他社会组织代表私益的狭隘观念，而是提倡两者的目标有机统一，二者能够进行有效合作，从而能够追求乡村公共利益最大化。

第四，治理过程的自主化。乡村治理是一个极其复杂而又不确定的过程，其所涉及的一切事务都围绕着互相联系日益紧密的乡村居民经济发展与物质文明、精神文化需求展开。满足乡村居民日益增长的上述需求，既需要国家从宏观上制定与实施加快乡村发展与乡村治理的战略，更需要乡村居民以乡村自治自建为基础，将传统"输血"变革为"造血"，实现乡村跨越式发展。因此，乡村治理理论要求广大乡村地区在宏观上要积极利用国家支持乡村发展的重大政策优势，在微观上更应该倡导实行村民自治。

（二）乡村治理的实质

我国是一个拥有悠久农业文明的国家，"乡村治理"作为国家治理现代化的重要组成部分，其含义随着时代的发展而被赋予了新的意义，但总结来看，乡村治理的实质都包含以下相同点：①治理主体的多元化是保证乡村治理顺利进行的首要条件；②治理主体科学有效地选择和变换治理方式对于解决乡村社会的各种纠纷、逐步构建完善的基层社会服务体系，以及解放和发展乡村生产力都具有深远的影响；③乡村治理的最终落脚点是"以人为本"，即维护农民的根本利益，提高其经济水平，增强其文化素养。从这个层面上看，乡村治理的实质就是治理主体在不同时期内对治理客体实行有效的治理方式，实现预期治理效果的行为。

（三）乡村治理现代化意义

乡村治理现代化是乡村治理体系与治理能力现代化，是以最广大人民的根本利益为价值遵循，使乡村治理体系充分适应现代社会发展需要，并转化为实现乡村社会领域各类公共事务发展稳定效能的过程。农村现代化既包括"物"的现代化，也包括"人"的现代化，还包括乡村治理体系和治理能力的现代化。走在一条前无古人、后无来者的道路上，乡村治理现代化的体制机制和效能转化路径仍在发展和完善的过程之中。从治理现代化的维度看乡村振兴战略落地落实的过程，其实也是国家治理制度优势在中国乡村社会场域中实现效能转化的过程。

二、乡村振兴战略下的乡村治理现代化实现路径

作为国家治理现代化的重要组成部分，乡村治理现代化实现路径理所当然与国家治理现代化的实现路径应保持一致。因此，乡村治理现代化核心环节也正是在于把乡村治理体系的制度优势转化为治理效能。

（一）乡村治理效能转化的发生机制

1. 建立健全是治理效能转化的基础前提

健全的乡村治理体系是治理效能转化的基础前提。随着国家治理向乡村社会下沉，乡村治理主体的权责范围、乡村治理方式的基本规则、乡村治理机制的运转形式以及乡村治理价值的总体取向都由国家建构的乡村治理体系进行方向性的设定，地方政府因地制宜对乡村治理体系进行地方化的调整。在这一现实背景下，乡村治理体系是否系统化、科学化直接影响乡村治理的实际效能。因此，要确保乡村治理效能转化的实现，完善的乡村治理体系是基本前提，其中必须注意以下两点：

（1）将坚持制度自信和改进体系短板问题相结合。乡村振兴战略实施多年以来，我们已经形成了的现代乡村治理体系的基本框架，包括党领导下的多元化的治理主体、治理方法和治理机制，以及"以人民为中心"的治理价值，体现了党的领导主体优势、"三治结合"的方法优势、城乡联动的机制优势和农民主位的价值优势。

基于乡村治理现代化的已有实践，我们实现了农村人口全面脱贫，强化了党在农村的执政基础和群众基础，农民群众获得感、幸福感、安全感全面提升，这正是乡村治理制度体系不断完善的实践成果。因此，我们需要坚持制度自信，继续坚持发挥好乡村治理体系既有制度优势，尤其是要坚持党对乡村的全面领导制度体系这一最大优势，决定乡村治理

效能转化的根本在于坚持党的领导。与此同时，当前乡村治理制度体系仍然存在一定局限。未来，要在坚持中不断完善乡村治理体系，推动乡村治理制度体系更加系统化、科学化，更好彰显乡村治理体系的优越性。

（2）将现代化治理需要同乡村历史传统相结合。乡村治理体系是受国家制度安排、乡村历史传统和经济社会发展水平共同决定的。

第一，满足现代化的治理需要是乡村治理现代化的应有之义。必须加大制度供给，补齐乡村治理短板问题，缩小城乡治理的差距，让现代化发展成果更好地惠及广大农村居民。

第二，乡村社会的治理生态与城市有着天然的差异。当前，我国一般的乡村社会及农村居民既有现代化的治理需要，同时也保持着一定的传统惯性。因此，完善乡村治理体系需要平衡好乡村的现代性和传统性，最根本的就是要立足于乡村社会的发展情况，立足于农民群众的自身意愿，在充分尊重乡村历史传统和农民群体的发展需要的前提下，带领农民群众积极拥抱现代化的文明生活。

2. 治理效能转化的关键动力

乡村治理体系从构建到推行，以及反馈和完善，都离不开各类治理主体的实践，乡村治理主体的行动贯穿于乡村治理体系从静态的制度框架转化为动态的现实活动的全过程。从主体角度而言，乡村治理体系效能转化的过程本质上也是乡村治理主体实现乡村治理目标的过程。因此，乡村治理主体的行动是否有效至关重要，而治理主体的行动是否有效主要取决于治理主体的能力。

乡村治理能力实际上就是治理主体运行乡村治理的制度体系的能力。乡村治理主体的有效行动主要体现在两个方面：

第一，培育治理主体对乡村治理目标的认知能力。乡村治理的根本目的在于保障和改善农村民生、促进农村和谐稳定，二者凝聚于"以人民为中心"的治理价值。各类乡村治理主体只有将"以人民为中心"的治理价值内化于心，才能在行动上超越过度追求经济增长和提高行政效率的工具性价值，才能更好地保障和增进农民群众的民主权益和民生福祉，维护乡村社会的安定和谐。

第二，培育治理主体依据治理制度规范采取行动的执行能力。①执行力是制度的生命力所在。无论乡村治理体系如何完善，若未能得到行动落实，也只能是一个静态的制度框架，难以产生现实影响。只有乡村治理主体的执行能力充分满足乡村治理体系运行的需要，才能确保乡村治理体系的高效运转和效能转化。②治理主体的扩容。乡村治理最广泛的主体在于农民群众，最强大的力量源自农民群众，决定了乡村治理必须紧紧依靠农民群众。同时，农民群众又是乡村治理主体中最为分散、多元化、个性化的存在，这也导致乡村治理存在许多难点、堵点。基层自治能力尤为强调村社区组织动员群众参与治理的能力，要求农村基层干部强化自身对于群众主体作用的认识，将农民群众这一最广泛的治理主体组织带动起来，培育越来越多具有治理参与能力的农村居民，提升治理主体有效行动的广泛性，增强推动效能转化的整体力量。

3. 治理效能转化的重要保障

只有让治理资源实现双向流动，才能促进治理体系的各类要素实现合理配置，从而为乡村治理体系的优势的彰显和转化创造良好的空间。

在当前城乡发展差距较大的阶段，推动资源的双向流动要更加突出强调农业农村的优先级，引导乡村所需的治理资源流向农村，为乡村治理体系的要素配置和优势转化提供保障，在保持乡村社会的总体稳定和基本活力的同时，激活新型城镇化带来发展新动能，实现城镇化与乡村振兴战略的双向促进。

（二）乡村治理现代化的实践路径

1. 坚持和完善党的全面领导制度体系

中国共产党领导是中国特色社会主义制度的最大优势。我国乡村治理现代化的推进过程，实际上也是党的领导在乡村治理各领域、各方面、各环节的实现过程。脱贫攻坚时期，乡村治理的最大变化就是切实强化了农村基层党组织的战斗堡垒作用，密切了党和人民群众尤其是农村脱贫人群的血肉联系。在新的历史起点上，由中国共产党带领广大人民群众继续推动乡村治理从一个阶段迈向又一个新的阶段，逐步实现乡村治理现代化和乡村振兴的宏伟目标。

（1）坚持和完善党总揽全局、协调各方的领导体制，巩固乡村治理的组织基础和政治基础。

第一，完善村党组织领导的乡村治理组织制度，不仅要推动村党组织书记依法担任村民自治组织和村集体经济组织负责人，加强村"两委"交叉任职，凝聚村党组织核心领导力；还要推动在各类新型农村经济社会组织中设立党组织、扩大党员成员比例，不断拓展农村基层党组织在乡村社会的覆盖面，从而确保农村基层党组织始终成为乡村各类组织和各项工作的领导核心，把党的领导贯彻到乡村治理的各领域、各环节和全过程中，为推进乡村治理现代化和乡村振兴各项工作提供了坚强的政治保证和广泛的社会支持。要完善基层党建引领乡村治理的工作机制，通过加快推动社会治理重心下移，增强农村基层党组织的统筹协调能力和服务供给能力，团结带领各类乡村治理主体更有效地应对和处理农村社会发展的各类新情况、新问题，更好地满足农民群众日益增长的美好生活需要，让农村基层党组织在解决实际问题、增进民生福祉的过程中不断提升政治领导力、思想引领力、群众组织力、社会号召力，成为推动乡村治理各项工作产生实效的坚强战斗堡垒。

第二，坚持和完善不忘初心、牢记使命的制度，发挥思想建党的基础性作用。要用好不忘初心、牢记使命这一制胜法宝，统一乡村基层党员干部思想，超越各类治理主体的自利性局限，确保乡村治理各项行动始终让广大人民群众受益。①通过激励引导，筑牢乡村基层党员干部共同的思想基础。以初心感召，以使命引领，教育和培养党员干部在新时代继承和发扬靠群众求胜利、为农民谋幸福的优良传统，不断提升为民服务的能力，团结带领广大农民过上更加美好的生活。②通过规则约束，维护乡村治理的人民立场。坚持党要管党、全面从严治党，加强对乡村基层党员干部的教育、管理和监督，确保乡村基层党员干部严格遵守党章，规范治理行为，着力整顿软弱涣散的组织问题，整顿脱离群众的错误行动，整顿以个人利益僭越人民利益的害群之马，让增权扩能的乡镇党政部门和村级组织的各项行动始终不偏离"以人民为中心"的价值目标，推动党和国家关于乡村治理现代化的各项任务落地落实。

第三，坚持和完善基层干部选贤任能的制度，建设政治过硬、本领过硬、作风过硬的乡村基层干部队伍。要深入实施村党组织带头人整体优化提升行动，在知人识人方面，要落实县乡党委选贤任能的主体责任，深入乡村基层、农民群众考察乡情村情和民情民意，坚持因村配人、人村相适原则，发现和引导更多德才兼备的治理人才通过法定选举程序进入和充实村党组织带头人队伍，不断优化村党组织带头人队伍的整体素质和结构；在选拔任用方面，要全面落实村"两委"换届候选人县级联审机制，坚决清理有刑事污点的人员，严把"政治关"，坚决防止两面人，维护村"两委"换届选举依法依规、公开透明；在培养管理方面，县乡村三级要加强对村党组织带头人队伍的常态化、专业化教育培训，通过集中培训、网络教学、挂职锻炼、结对帮扶、村干论坛等形式，推动村党组织带头人队伍整体能力提升。在正向激励方面，要坚持以新时代好干部标准引导村干部担当作为，健全从优秀村党组织书记中选拔乡镇机关人才制度等村干部激励关怀制度，不断提高村干部干事创业的热情。

2. 强化农民群众参与治理主体能力建设

当前全国乡村治理现代化建设推进盛况可谓如火如荼，必须着眼于保障广大农民民主权益和民生福祉，不断提升农民群众治理参与的能力和水平，让农村居民在面对现代化浪潮时，既有激流勇进的能力，又有抵御风险的底气。

（1）以加强农村精神文明建设为基础，提升农民群众治理参与的能力素养。

第一，大力推进城乡教育一体化，通过扩大农村基础教育投入、完善农业转移人口随迁子女就学政策，推动农村居民受教育水平整体提升；同时通过完善面向农村的职业教育和成人教育体系，培育和扩大新型农民队伍，使现代农民更好地掌握乡村治理所需的各项科学文化知识和实用技术。

第二，通过各类乡风文明培育行动，推动主流意识形态融入农民群众社会生活，引导农民自觉抵御腐朽落后的思想文化的侵蚀，更新农民群众思想观念，焕发农民群众精神风貌，巩固和拓展党在农村基层的思想阵地。

第三，推进文化惠民工程，加大乡村公共文化服务供给力度，抵制低俗文化、落后文化的蔓延，要立足农民群众多样化、多层次的美好生活需要，大力建设乡村文化阵地，通过开展群众性文化活动，组建乡村文艺团队，提升农民群众参与公共生活的行动自觉。

（2）以强化基层党组织群众组织力为支点，营造农民群众治理参与的良好环境。

第一，加强农村基层党建，提高基层党组织服务群众的能力。一方面，要发挥基层干部带头作用。村干部的群众基础尤为重要。必须加强村干部作风建设，确保农村基层干部开展工作、做出决策始终坚持农民主体、着眼集体利益，并在治理过程中身体力行、以身示范，以榜样的力量提升农民群众对基层党组织和村干部的信任感，让广大农民群众更加自觉而紧密地凝聚在党组织周围。另一方面，要将群众参与度更多地纳入农村基层党组织的考核标准中。对于组织群众开展公共基础建设维护和互助服务的农村基层党组织设立专项经费奖补，对于公共项目建而不管、建而不用的形式主义进行扣分降薪，保证农村公共空间和公共产品为民所建，为民所用。

第二，发挥基层党组织的桥梁纽带作用，大力支持和培育服务农民群众美好生活需要的新型村社组织。农村基层党组织要与流动党员和长期不在村里的父老乡亲加强联系，充分了解从村子里走出的大学生、教师、企业家、退役军人、退休的机关党员干部等人士的返乡意愿，帮助他们返乡创业，成立更多服务本地农民的村社组织，在组织培育的过程中引导广大乡村居民互惠互助、共谋发展。

第三，积极引入社会力量，丰富农村居民的公共生活。鉴于村庄自我孵化新型村社组织的能力与其经济社会发展程度有很大关联，经济社会发展程度一般的村庄不一定具备孵化新型村社组织的能力，有必要进一步打通城乡壁垒，大力支持和引导外部组织、人才和资源通过资源合作、社会实践、公益慈善、志愿服务等形式常态化嵌入乡村公共事务和公共项目之中，增进农民群众与外部空间的良性互动，丰富农民群众的社会交往和公共生活。近年来，一些占据广阔下沉市场的短视频社交平台发挥自身流量优势和技术优势，与三四线城市开展合作，在基层宣传和乡村振兴方面发挥了积极作用，对于探索乡村社会和农民群体的媒体话语权建设有一定的社会价值，有望探索成为增进乡村社会对外宣传和内部联结的载体。

（3）以推进自治、法治、德治有机融合为保障，规范农民治理参与的行动边界。

第一，深化村民自治，健全农民群众参与乡村治理的机制体制。在走访中发现，许多村庄正在推行"村务公开"微信群，通过村民日常网络社交平台公开村务党务信息，充分保障了广大村民的知情权和监督权。未来，乡村治理要不断适应乡村社会发展和农民群众需要，建立健全更加灵活科学、规范有效的群众参与治理机制，巩固和拓展党领导下的村民自治形式。

第二，坚持全民守法，大力推进乡村法治建设。大力推进乡村法治建设，强化乡村社会法律供给，以法治规范乡村自治、德治边界，维护法律尊严和权威。

第三，重视以德化人，发挥道德规范的教化作用。相对于法治规范，农耕文化、礼俗文化对于农民群众思想行为的影响或许更为深远，其中既包含有利于维系乡村社会稳定、蕴含劳动人民智慧的积极性规则，也潜藏着封建、愚昧的因素，与现代文明理念相抵触。因此，必须充分了解各地历史传统，深入挖掘其中与现代文明理念相契合的德治因素，通过订立村规民约、开展宣传教育、建设文化实体、树立典型榜样等方式，结合时代要求创新诠释传统道德规范，在引导农民群众传承优良传统的过程中渐进温和地重塑乡村内生规则和秩序。

3. 健全权责平衡的城乡融合治理机制

（1）深化权责清单制建设。要改善基层权责不平衡的治理困境，关键在于加强规范各治理主体尤其是基层政府和村级组织的权责边界和行动空间。

第一，通过界定各治理主体的权责边界，厘清村级治理内部事务及其对接基层政府的协助性事务，建立清晰可循的乡村治理工作路径，保证治理主体的有序出场，推进治理目标标准化、治理内容清晰化、治理过程规范化。

第二，通过强化制度资源供给，拓宽乡村基层的行动空间，保证能够调动足够的力量和资源精准对接复杂的乡村治理问题，能够获得更大的探索空间帮助传统与现代、乡村与城市、农民与市民等在乡村社会更好地衔接与转化，真正实现各类资源的高效匹配，提升乡村治理为民服务的综合能力。清单制就是当前国家推进乡村治理权责统一的有益探索。清单制的公开化还保证了多元主体相互监督的途径和依据，有利于完善乡村治理监督机制，在提升治理效率的同时兼顾治理公平。

（2）完善城乡治理资源合理流动机制。清单制作为推进权责下移的乡村治理创新制度，其现实有效性建立在城乡治理主体资源调动能力均衡的基础上。

第一，坚持城乡融合发展的理念，逐步推进户籍制度改革和社会保障制度改革，并且在一时之间无法彻底破除阻碍城乡人口自由流动和社会融入的制度性壁垒的情况下，加快探索能够产生局部优化效果的增量改革，推进"人口"这一最为核心的治理要素实现城乡间的合理流动，同时联结带动其他治理资源的城乡流动。

第二，健全数字治理资源的城乡流动机制。推进数字治理资源的城乡流动，构建数据信息的横向共享和纵向互联机制，增强乡村基层运用数字技术解决事务庞杂、动态变化的乡村社会现实问题的同时，提升乡村基层在城乡融合治理中的参与感和积极性。

（3）矫正激励评价导向。当前的乡村治理现代化还需矫正激励评价导向，立足复杂多元、短板突出的乡村治理现状，通过提高激励评价机制的广泛覆盖性增强乡村治理的有效性。完善乡村治理的激励评价机制需要注意以下两点：

第一，保持历史耐心。既要对乡村治理现代化保持历史耐心，也要对治理创新保持历史耐心。创新不在超前，而在于行之有效，久久为功。因此，必须加强乡村基层干部队伍能力建设，增强基层干部的创新意识，牢固树立正确的政绩观、发展观，引导基层干部基于群众需求、基于乡村实际开展创新实践，提升基层干部切实解决乡村实际问题的能力；还要建立健全容错纠错机制，精确界别基层干部在创新失误错误中的主观意图和客观环境，准确把握容错纠错界限，给予各类治理创新实践更长时段的检验周期，充分调动和保护基层干事创业、担当作为的积极性。

第二，坚持有效性导向。有效治理是乡村振兴战略的基础，也是当前乡村治理现代化的目标要求。"有效"意味着要将有限资源优先用于解决最迫切的需求，而不是用无限资源满足所有诉求。这也是满足不了的。因此，需要建立多元化的激励评价机制，坚持有效性导向，鼓励务实治理。无论是政府还是媒体，都应当调整其观念，避免过分追求新颖变革，而要更关注实质性的细节问题。充分发挥现有的资金和资源的作用，致力于塑造更多服务于民、解决特定地区长期存在的问题、展示公共基础设施高效利用和良好维护的典型案例。这些案例的实际成效将更有助于在乡村基层赢得支持鼓励和大力宣传。

第四节　乡村振兴战略下的农业高质量发展

一、乡村振兴战略下的林草产业高质量发展

林草产业是陆地生态建设的重要载体，推动林草产业兴旺和林草产业建设是实现高质量生态体系的基础保障。推进乡村林业生态工程建设，全面加强林草产业经营和管理，不仅可以促进生态服务功能和效益的提高，还可以激活林草产业经济，提升林业产品价值。

因此，必须建设林草产业高质量发展模式，推动可持续发展生态治理保护，助力产业振兴。

本部分通过探究彭阳县林草资源建设和林草产业发展现状，明确现存问题和未来发展机遇，探索彭阳县林草特色产业高质量发展路径，为巩固彭阳县脱贫攻坚成果、实现乡村振兴提供有效参考。

（一）林草产业的发展现状与成就

彭阳县位于宁夏回族自治区东南部，地处黄土丘陵沟壑区和黄土残塬沟壑区过渡地带，属典型的温带半干旱大陆性季风气候区。彭阳县坚持"生态立县"理念不动摇，加快推进生态治理与修复，坚持水土流失治理和林草植被建设，生态建设成效显著。彭阳县坚持小流域综合治理模式，提升了森林涵养水源功能，促进了水土保持和生物多样性保护，进一步加强了森林的固碳制氧作用。

近年来，彭阳县进一步巩固脱贫攻坚成果，积极拓展乡村振兴发展路径，贯彻落实"两山"理念，深入践行"四个一"林草产业工程，守好改善生态环境的生命线，优化调整产业结构布局，林草产业发展成效显著。这些举措为全县经济发展作出了较大的贡献。

第一，特色林果产业提量增效。全县完成"四个一"林草产业试验示范工程建设，包括发展扩建以农产品为主的特色经济林基地，改造提升以庭院红梅杏为主的果木林，引种试栽矮砧农产品、花椒等林木优良品种，择优推广苹果、红梅杏、花椒、大果山楂、大果榛子、文冠果等经济林树种的优良品种，投资培育万寿菊、油用牡丹、波斯菊及蜀葵等观赏花卉的优良品种。

第二，林下经济发展稳步提升。全县以现有林地和森林生态环境为依托，着力发展林下养殖业和林下种植业，实现林下朝那鸡、月子鸡养殖、林下养蜂、林下种植柴胡、秦艽等中药材等。

第三，种苗培育产业实现多元化、规模化经营。全县大力推动种苗培育产业发展，通过引进企业，采用"林场+企业""企业+企业""企业+林场+合作社+农户"等方式整合资源，实现林草产业市场化、规模化、多元化发展经营。

（二）林草产业的发展机遇

坚持生态文明建设理念，构建资源节约型和环境友好型社会，把生态优先、绿色发展理念融入产业发展的全过程，突出林草产业的重要性。同时，针对林草建设投资大、收益小，难以形成经济效益的问题，明确提出必须健全自然资源资产产权制度和用途管制制度，完善生态补偿机制，积极探索生态效益转化为经济效益的路径，将二者融合发展、协同推进，从而为林草产业发展指明了方向。

"两山"理念的第一阶段是"既要绿水青山，也要金山银山"，就是要守护好绿水青山，积极推进生态体系建设，大力促进林草建设。

第二阶段是"宁要绿水青山，不要金山银山"，就是要把林草建设放在突出位置，要先于经济社会发展，表明党和国家大力推进生态文明建设的鲜明态度和坚定立场。

第三阶段是"绿水青山就是金山银山"是新发展阶段的更高要求，谋求中国经济发展新路径，通过探索"绿水青山向金山银山转化"的路径，建立"养山富山"的新发展格局，推动高端生态转化为高端产业、特色资源转化为特色产品、生态优势转化为经济优势，实现生态保护治理与生产生活相互融合、协同发展。

乡村振兴战略要求加快促进农民适应生产力发展，提高相关产业市场竞争能力，推动农村产业深度融合，发展壮大乡村产业。林草产业发展有助于推动农村经济发展和生态建设，是实现乡村振兴战略的价值优势，事关经济社会可持续发展的根本性问题，为推动实现富强、民主、文明、和谐、美丽的社会主义现代化国家提供强大动力。唯有厚植生态底色，才能奏响高质量发展的新乐章，因此在乡村振兴战略下，林草产业发展迎来了重大机遇。

"双碳"战略是党中央做出的重大决策部署，是当前指导我国可持续发展、构建人类命运共同体的重要战略。"双碳"目标提出了以绿色发展为导向，坚持尊重自然、顺应自然、保护自然，坚持节约优先、保护优先的可持续发展要求。国内正在探索低碳绿色发展模式，推动能源结构转型、产业结构升级，促进经济社会全面绿色转型，建设人与自然和谐共生的现代化。同时，推动和革新碳交易机制，不断拓展碳金融市场和财税制度，为林草产业发展注入新动能，也为林草建设创造了资金来源和可持续通道。

重大国家战略赋予林草产业发展新任务立足黄土高原乡土特色和地域特点，在生态保护的前提下，以生态建设推动生产力布局、资源利用方式和国土空间开发的优化调整，是贯彻落实黄河流域生态保护和高质量发展重大国家战略的具体行动，对于保护好黄土高原生态环境、促进经济高质量发展具有十分重要的意义。彭阳县位于六盘山东麓，地处黄土丘陵沟壑区，境内小流域均为六盘山生态屏障的重要部分，生态格局十分重要。推动林草建设和林草特色产业发展相互融合、协同发展，是黄河流域生态保护和高质量发展重大国家战略赋予彭阳县林草产业发展的新任务。

（三）林草产业的振兴策略

1. 强化制度保障，推进运维管理机制改革

各级行政部门作为乡村振兴战略实施的主导者，应不断引导企业和农户参与产业振兴，通过建立资源互补、收益共享的合作平台，细化各主体的责任权限，促进支撑体系建设，推进运维管理机制改革。

第一，林草工程建设项目要加强监督约束，不仅需要加强行政监督，还要引导群众监督，打造"三分建七分管"模式。

第二，推进林权改革。对于山林地承包经营管理，不仅要集约化建设，还要集约化经营，同时要实行"三权分置"，承包人依法获得对承包山林地的占有、使用、收益、流转及山林权抵押、担保等权利。同时，放开土地流转管制，培育新型经营主体，引入市场机制，将林草资源纳入社会资本，鼓励发展家庭承包、村集体经营和合作社模式，并由政府部门进行监管，形成规划、建设、运营和监管一体化运行。

第三，落实经营主体责任制，建立完善的问责机制，对经营不善者要追究其责任，收回山林地使用权，对管理不善的流转商户同样要进行责任追究。要建立相应的绩效评估考核机制，对经营商户进行考核评估，不仅要考虑将创造利润、就业等指标纳入评估机制，还要兼顾长期性指标，避免企业过分追逐短期利益，而忽略地方产业的可持续发展。

2. 强化品牌效应，打造高质量绿化模式

推动林草建设工程极大地促进了生态绿化，改善了生态环境，切实提升了乡村生态宜居水平。为了实现乡村振兴战略下林草产业高质量发展目标，林草工程建设和林草产业发展不仅要强化绿化、保土蓄水、碳汇等生态服务功能，还要满足区域经济建设需求，在考虑生态效益的同时兼顾经济效益，同时实施对林分结构①的优化调整，探索具有品牌效应的林草特色产业，打造高质量绿化模式。

（1）通过林草建设，推动林果产品和林下经济发展，打造一乡一产、一村一品的特色产业品牌，并通过建立农村合作社和引进企业的模式形成规模化、多元化发展，同时引导第三产业的发展，推动物流、冷链仓储、电商售卖和直播带货等服务体系建设。

（2）利用特色产品品牌效应，将休闲生态旅游和体验式旅游结合起来，为游客提供林副产品的品尝、采摘服务，打造特色旅游模式。

（3）探索不同时间段的林草配置，利用不同林果的开花结果周期，构建不同时间节点

---

① 林分结构是指森林中不同高度层和直径级别的树木组成的空间结构和生态结构。

的山花节模式，适当延长彭阳县的旅游期，同时为游客提供更优质的观赏享受。

（4）加强林草建设管理。过去的人工林建设未考虑水资源承载能力，其林分密度、林龄和空间结构不合理导致自然退化现象时有发生，因此林分改造要改变原有的林草建设模式，加强与科研单位合作，强化技术支撑，探索出适宜当地水资源的林草配置模式。在山坡林草建设空间配置上，要利用地形特点进行林果种植，形成"山下农田发展，山腰果林建设，山顶生态绿化"格局，实现产品种类的多样化，既兼顾水土保持、国土空间优化和生态保护，又提升经济价值。

二、乡村振兴战略下的农旅融合产业高质量发展

高质量发展是指经济数量增长到一定阶段之后，经济发展新动能转换、效率提升和结构优化的状态。农旅融合主要受政策制定者、参与者以及客体因素（如科学技术）的影响。山地特色农旅融合产业是推动贵州山区经济社会发展的强心剂。

以贵州为例，解读乡村振兴战略下的农旅融合产业高质量发展。贵州是山地和特色文化资源富集区，旅游产业空间大、前景好，被誉为"山的王国"，各民族因生活在不同地理单元而衍生出特色各异的文化单元。随着人们生活水平的提高，欣欣向荣的旅游业为贵州的经济发展带来机遇，农旅融合的发展方式既有利于降低农业生产的风险，又能充分利用好贵州的好山好水，是贵州山地经济发展的重要抓手。乡村振兴战略下的农旅融合高质量发展对策如下。

（一）结合地方特色、科学合理地制定规划

乡村振兴战略提出以来，国家为了加快实施该战略，指出要加快推进农业农村信贷化，促进农村三大产业的融合发展，拓宽农民的增收渠道。重点可围绕以下两方面展开：

第一，制定科学合理的乡村振兴规划。地处西南山区的经济欠发达地区往往人力和财力资本匮乏，难以结合自身的发展实际制定出较好的发展规划。这就需要相关部门认真贯彻国家乡村振兴战略的总要求及其他相关政策，因地制宜地为村寨进行产业规划，在保护自然生态的基础上培育新产业，加强乡风文明建设，带动普通农户一同走向共同富裕。需要注意的是，规划的制定一定要结合当地的实际发展情况，盲目地过大或过小规划都是不科学的，还可能造成人力、财力、物力的巨大浪费。

第二，给予实施配套的发展政策支持。科学合理的规划要想真正落地，既需要当地建设起相关配套措施使之步入正轨，也需要国家和政府给予财力、物力、人力全方位的大力支持。同时，也需要有关部门加强监管力度，确保政策切实落地。

（二）多方共建，合力推进

农旅融合作为乡村旅游、农业产业和农产品加工相融合的新模式，是实现产业融合的新手段。农旅融合高质量发展的目标是在充分尊重农业产业功能的基础上，合理开发利用农业旅游资源和土地资源，以所开发的农业旅游休闲项目、农业配套商业项目、农业旅游地产项目、农产品加工等为核心功能架构，从而形成整体服务品质较高的乡村一、二、三产业聚集区。

第一，当地政府在尊重市场规律的基础上结合实际情况创新各种政策实施，引导村寨加快农旅融合，发展和培育一批农产品精深加工企业，积极发展休闲农业、旅游观光农业等；又需要当地企业开动脑筋，在进行充分调研的基础上顺应市场需求，积极开发农旅融合项目。

第二，借力多方力量。例如，利用高校、科研院所、非营利组织提供的智力服务做好农旅融合的规划和产品研发。并且还需要积极引导当地农民创新创业，鼓励他们创新和参与到本地特色农产品、特色工艺品的生产或加工中来，为农旅融合提供丰富的产品。另外，还可以充分利用互联网技术以实现电商、微商等网络交易，扩大对外宣传力度，完善对外销售渠道。

（三）优化硬件，完善区域内相关基础设施

地区产业的发展需要配套的硬件基础设施作保证，为了促进西南山区村寨产业的发展，优化硬件基础设施是至关重要的。这一步骤可以通过以下五个方式来实现：

第一，加强对旅游景区的基础设施建设。对于类似田野、乡村这样的旅游胜地，应该确保其基础设施达到相应标准，以便为游客提供更好的体验。这包括修缮和维护已损坏的设施，如道路、桥梁、公厕等，确保游客能够方便地前往并享受美丽的自然环境。

第二，关注村寨内部的基础设施，以满足居民和从业者的需求。这可能包括改善供水系统，确保居民有稳定的供水；修建或改善学校和医疗设施，以提供更好的教育和医疗服务；改善电力供应，以支持农业和其他产业的发展。这些举措将有助于提高居民的生活质量，并吸引更多的人才和投资。

第三，引入先进的技术和设备，以提高农业和其他产业的效率。例如，农业机械化和自动化设备可以帮助提高农产品的产量和质量，从而增加农民的收入。在旅游业方面，可以引入智能化系统，提供更好的导览和信息服务，提升游客的体验。

第四，建立有效的基础设施维护和管理机制，确保这些设施能够长期稳定运营。这包

括建立基金和机构来负责设施的维护和维修，以及培训当地居民和从业者，使他们能够有效地管理和使用这些设施。

第五，通过优化硬件基础设施，西南山区村寨可以提供更好的生活条件和工作环境，吸引更多的人前来定居和投资，推动地区产业的健康发展。这将有助于提高地区的经济水平，提升居民的生活质量，实现可持续发展的目标。

（四）提升软实力，培训专业人才

要想实现产业高质量发展，亟须培训农旅融合产业发展专业人才，提升从业人员的素质技能，给予他们必要的政策支持，加强专业知识技能培训，转变保守的经营观念，树立创新意识和服务意识，为农旅产业融合发展提供持续动力。

第一，农旅融合产业的专业人才需要具备丰富的知识储备。他们需要了解农业生产的各个环节，从土壤肥力到作物生长，再到农产品加工，都需要有深入的了解。同时，他们还需要掌握旅游业的管理和运营知识，包括酒店管理、旅游线路规划等方面的技能。只有具备全面的知识背景，才能更好地指导农村旅游项目的开展，确保产品质量和客户满意度。

第二，农旅融合产业的专业人才需要具备创新意识。这一产业的发展需要不断地推出新的产品和体验，以吸引更多的游客。专业人才应该具备创新的思维方式，能够提出新的创意和解决方案。他们还应该密切关注市场动态，及时调整经营策略，以适应不断变化的需求。

第三，农旅融合产业的专业人才还需要具备跨领域合作的能力。这一产业涉及多个领域，包括农业、旅游、餐饮等，需要不同领域的专业人才协同合作。因此，培养具备团队合作和跨领域交流能力的人才至关重要。只有不同领域的专业人才能够共同协作，推动农旅融合产业的发展。

第四，提升软实力也是培训农旅融合产业专业人才的重要任务。软实力包括沟通能力、领导力、团队合作能力等方面的素养。在农旅融合产业中，专业人才需要与客户、合作伙伴和政府部门进行广泛的沟通和合作。因此，培养这些软实力能力将有助于他们更好地应对复杂的工作环境。

总之，提升软实力，培训农旅融合产业发展专业人才是实现这一产业可持续发展的关键。只有具备丰富的知识背景、创新意识、跨领域合作能力和软实力的专业人才，才能推动农旅融合产业不断壮大，为农村和城市的可持续发展做出更大的贡献。

参考文献

[1] 柏杨，樊家军. 乡村振兴战略下 "农村党支部+合作社" 发展模式及提升策略 [J]. 农业经济，2023，(08)：48~51.

[2] 蔡竟. 产业兴旺与乡村振兴战略研究 [M]. 成都：四川人民出版社，2018.

[3] 陈锡文，韩俊主编. 乡村振兴战略与路径研究 [M]. 北京：中国发展出版社，2021.

[4] 高崇敏，黄杰，许忠裕，等. 广西乡村特色产业高质量发展评价指标体系构建 [J]. 南方农业学报，2022，53（08）：2373~2382.

[5] 耿松涛，张伸阳. 乡村振兴背景下乡村旅游与文化产业协同发展研究 [J]. 南京农业大学学报（社会科学版），2021，21（02）：44~52.

[6] 郭洪豹，张捷. "文化创意产业+乡村振兴" 融合发展路径探讨 [J]. 山西财经大学学报，2022，44（S1）：45~47.

[7] 韩博然. 乡村旅游经济产业优化升级策略 [J]. 社会科学家，2021（04）：52~57.

[8] 霍松涛. 乡村振兴背景下美丽乡村建设的困境和突破 [J]. 中国农业资源与区划，2022，43（04）：226+236.

[9] 姜冬梅. 乡村振兴背景下乡村发展路径探索 [M]. 长春：吉林人民出版社，2022.

[10] 姜长云. 共同富裕导向下的乡村振兴：发展、建设与治理 [J]. 行政管理改革，2022（10）：13~22.

[11] 李朝晖. 乡村振兴背景下农村文化产业现实困境与创新逻辑探讨 [J]. 农业经济，2023（05）：61~62.

[12] 李华，闫荣立. 农旅融合赋能乡村振兴战略实施 [J]. 中国农业资源与区划，2022，43（09）：100+115.

[13] 李蓉. 乡村振兴背景下数字乡村建设机遇、挑战与实现路径 [J]. 农业经济，2022（10）：31~33.

[14] 李正祥，杨锐铣，郭向周. 乡村生态文明与美丽乡村建设概论 [M]. 昆明：云南大学出版社，2020.

[15] 刘朝帅，王立胜. 中国特色反贫困道路深化：乡村振兴战略 [J]. 经济与管理评论，2022，38（06）：144~160.

[16] 刘羿良，冷娟. 乡村振兴战略下乡村多元主体协同生态治理路径研究 [J]. 云南财经大学学报，2022，38（11）：100~110.

[17] 刘祖云，刘腾. "生态乡村" 建设：理论向行动的跃迁 [J]. 学海，2022（05）：82~89.

[18] 吕游，黄滢. 乡村振兴战略在乡村规划建设中的创新发展与实践 [J]. 农业经济，2022（10）：54~55.

[19] 倪良新，孟丽，欧树同. 乡村振兴背景下城乡资源的整合融合 [J]. 石河子大学学报（哲学社会科学版），2023，37（01）：23.

[20] 秦会朵，范建华. 文化产业助力乡村全面振兴的内在逻辑与实践路径 [J]. 理论月刊，2022（06）：76~82.

[21] 邱云美. 乡村养生旅游发展研究 [J]. 农业经济，2015（03）：44.

[22] 史凤林. 法治乡村建设的理念与实践 [M]. 太原：山西人民出版社，2021.

[23] 宋圭武. 中国乡村发展研究 [M]. 北京：中国经济出版社，2004.

[24] 孙景淼. 乡村振兴战略 [M]. 杭州：浙江人民出版社，2018.

[25] 孙明福，吴桐. 新时代乡村振兴的全面部署和系统方略 [J]. 中南民族大学学报（人文社会科学版），2022，42（10）：12~19+181.

[26] 唐任伍. 乡村建设的历史逻辑、价值内涵和未来图景 [J]. 人民论坛·学术前沿，2022（15）：18~31.

[27] 田黎. 凤冈县农业产业结构调整成效浅析——以凤冈县临江村为例 [J]. 基层农技推广，2022，10（11）：44.

[28] 万俊毅. 发展乡村特色产业，拓宽农民增收致富渠道 [J]. 农业经济与管理，2022（06）：19~22.

[29] 汪增洋，朱华岳. 农业生产性服务业对乡村产业发展影响的实证研究 [J]. 东华理工大学学报（社会科学版），2022，41（05）：428.

[30] 王博峰. 美丽乡村建设背景下乡村景观规划设计问题研究 [J]. 农业经济，2022（04）：71~73.

[31] 王春光. 乡村建设与多元共享利益共同体的建构 [J]. 人民论坛·学术前沿，2022（15）：48~54.

[32] 王双苗，乐敏. 促进宁波乡村特色产业发展的对策研究 [J]. 宁波经济（三江论

坛），2023（08）：19.

［33］王阳.乡村振兴战略下大学生创新创业实现路径研究［J］.中国果树，2022（11）：
133.

［34］吴江萍，刘萍.乡村振兴战略下"体旅农"融合发展研究［J］.财经理论与实践，
2022，43（06）：148~154.

［35］周雨娴.乡村振兴战略下的竹产品开发路径［J］.中国农业资源与区划，2022，43
（09）：70+78.

［36］肖卫东.特色产业赋能乡村振兴的内在逻辑与行动路径［J］.理论学刊，2023
（01）：117~126.

［37］萧洪恩.城市化之外：中国农村就地现代化道路探析［J］.理论月刊，2015（05）：
5.

［38］徐妍，马昭才.乡村振兴战略下农业循环经济发展策略［J］.新农业，2022（05）：
57~58.

［39］许娜，任越.面向乡村建设行动的乡村档案治理体系研究［J］.档案与建设，2022
（04）：44~47.

［40］杨宇楠.乡村振兴战略背景下农村建筑规划发展的路径探索［J］.建筑结构，2022，
52（19）：152.

［41］张曦文，赵迎红.乡村振兴背景下特色农产品产业化发展研究——以山西省岢岚县
红芸豆为例［J］.现代商贸工业，2023，44（19）：13.

［42］赵科乐.乡村振兴战略下加快农村金融改革的路径探索［J］.农业经济，2022
（09）：93~95.

［43］赵星宇，王贵斌，杨鹏.乡村振兴战略背景下的数字乡村建设［J］.西北农林科技
大学学报（社会科学版），2022，22（06）：52~58.

［44］赵政著.乡村振兴战略研究［M］.西安：西北工业大学出版社，2021.

［45］郑有贵，武力.中国乡村发展研究［M］.武汉：华中科技大学出版社，2019.

［46］周国华，龙花楼.探索新时代人—地—业协调与城乡和谐的中国乡村发展——写在
专辑刊发之后的话［J］.自然资源学报，2023，38（08）：2184~2186.

［47］周立.乡村建设百年探索与崭新图景［J］.人民论坛·学术前沿，2022（15）：55~61.